地域共生社会に向けた
ソーシャルワーク
社会福祉士による実践事例から

編集＝公益社団法人日本社会福祉士会

中央法規

はじめに

　本書は、「誰もが支え合う地域の構築に向けた福祉サービスの実現―新たな時代に対応した福祉の提供ビジョン―」（厚生労働省新たな福祉サービスのシステム等のあり方検討プロジェクトチーム・平成27年9月）において、「ワンストップで分野を問わず相談・支援を行うことや、各分野間の相談機関で連携を密にとることにより、対象者やその世帯について、分野横断的かつ包括的な相談・支援を実現するための方策を検討する」ことが明記され、「専門的知識及び技術をもって、福祉に関する相談に応じ、助言、指導、関係者との連絡・調整その他の援助を行う者として位置づけられている社会福祉士については、複合的な課題を抱える者の支援においてその知識・技能を発揮することが期待されることから、新しい地域包括支援体制におけるコーディネート人材としての活用を含め、そのあり方や機能を明確化する」とされたことが、企画の端緒となっています。その後、国の政策で「地域共生社会」の理念が明確となり、関係法令の改正や指針が発出されました。包括的な相談支援体制の構築や地域住民が主体的に地域課題の解決を試みる体制の構築等において「ソーシャルワーク」や「ソーシャルワークの機能」が必要とされました。

　社会保障審議会福祉部会福祉人材確保専門委員会において、社会福祉士に関する議論がはじまり、社会福祉士の役割等について議論が重ねられ、平成30年3月に報告書が公表されました。その成果としては、1つは、地域共生社会の創出に向けて「ソーシャルワーク」の重要性が明確化されたこと。2つは、「ソーシャルワーク専門職」として社会福祉士の位置づけが明確化されたこと。3つは、地域共生社会の創出に向けたソーシャルワーク専門職である社会福祉士の中核的な役割が明確化されたことが挙げられます。

　こうした国における施策の展開や社会福祉士を取り巻く議論のなかで、全国のさまざまな地域で、地域共生社会の創出に向けた取り組みが始められています。そのようななかで、地域共生社会の創出に資するソーシャルワークとは何かを明確にするため、地域共生社会の理念をふまえ、地域共生社会の創出に資するソーシャルワーク実践を抽出し、ソーシャルワークの機能と求められるソーシャルワーカーの役割等を、実践事例を用いながら丁寧に取りまとめました。

　本書は、それぞれの地域で社会的孤立や社会的排除をなくし、誰もが役割を持ち、お互いに支え合っていくことができる地域共生社会の創出の一助となることを期待するものです。

公益社団法人　日本社会福祉士会
会長　西島　善久

目次

はじめに

第1章 地域共生社会の理念とパラダイム

- 第1節　地域共生社会と差別 …… 2
- 第2節　地域共生社会の理念 …… 4
- 第3節　地域づくりの方向性 …… 7
- 第4節　政策としての地域共生社会 …… 9
- 第5節　包括的支援体制 …… 14
- 第6節　改正社会福祉法 …… 18
- 第7節　改正地域福祉計画にかかわる「参加」について …… 24
- 第8節　圏域の設定と「地域福祉行動計画」の必要性 …… 26
- 第9節　地域福祉計画の策定過程と地域住民の「学び」 …… 29
- 第10節　地域共生社会の実現に向けたソーシャルワーク …… 31

第2章 地域共生社会の実現に向けたソーシャルワークの実践方法

- 第1節　地域共生社会の実現に向けて求められるソーシャルワークの機能 …… 36
- 第2節　地域共生社会の実現に向けたソーシャルワーク実践 …… 39

第3章 ソーシャルワーク実践事例

実践事例の読み方・深め方 …………………………………………………………… 60
第1節 複合的な課題を抱える高齢者の看取りと地域づくりの実践 ………… 62
第2節 地域支援のなかから個別ニーズの発見を行い、
　　　その対応のなかから新たな社会資源を構築していった実践 ………… 74
第3節 生活困窮者支援を通した「ひきこもり支援」のしくみづくりの実践 …… 86
第4節 学校へのコンサルテーションにより
　　　子ども・家庭・学校・地域の主体的なつながりを実現した実践 ……… 100
第5節 社会的孤立・排除の解消から
　　　生きがいを生み出す地元商店街との協議の実践 ……………………… 114
第6節 多様な働きかけによる世論喚起と
　　　現実的な要求で刑法改正を実現した実践 ……………………………… 124

第4章 地域共生社会の実現に求められる人材

第1節 社会保障審議会福祉部会福祉人材確保専門委員会 ………………… 136
第2節 委員会の議論の到達点 …………………………………………………… 138
第3節 地域共生社会の実現に資する体制構築を推進するために
　　　社会福祉士に求められるもの ……………………………………………… 140
第4節 地域共生社会の創出に向けて …………………………………………… 143

資料 ………………………………………………………………………………………… 145
委員一覧／執筆者一覧

第1章

地域共生社会の理念とパラダイム

第1節 地域共生社会と差別

◎ 障害者差別解消法施行直後の出来事

　地域共生社会とは、決して新しい言葉ではない。地域のなかで共に生きる社会をつくる。このことは、以前から障害者運動や地域福祉の文脈で語られてきたことである。1981年の国際障害者年を契機にして日本国内に広がったノーマライゼーション。障害の有無にかかわらず、ノーマルな生活を営むことは権利であるという思想は、共生社会の原理である。それを具現化していくことこそが地域共生社会ではないかと考えている。

　ところが2016年7月26日、神奈川県の障害者施設で痛ましい殺傷事件が起こった。何より恐ろしかったのは「この世から障害者がいなくなればいい」という優生思想を剝き出しにした差別が堂々と表明されたことである。皮肉にも、4月から障害者差別解消法が施行された直後の出来事であった。

　この事件で社会福祉関係者の心が疼いたのは、犯人が3年間、施設の職員をしていたということであった。彼の手紙には、「保護者の疲れきった表情、施設で働いている職員の生気の欠けた瞳、障害者は人間としてではなく、動物として生活を過しております。車イスに一生縛られている気の毒な利用者も多く存在し、保護者が絶縁状態にあることも珍しくありません。」と記されていた。

　彼は障害者施設のなかで何を見ていたのだろう。たとえ勤務態度がどうであれ、3年間現場にいた元職員という事実は耐え難い。福祉施設のなかで彼の憎悪は振幅し、優生思想と結びつき、確信に変わっていったのである。つまり福祉現場が彼を創り出したとしたら、それは悲劇でしかないが、その事実と構造的な問題を、私たち福祉関係者は直視しなければならない。

　そのことは、事件後に実施された福祉施設の防犯対策の強化、措置入院や退院後のあり方、といった類のことではない。「今回の事件の原因は、犯人が精神障害者だったから」という短絡的な解釈は、「予防拘禁」の肯定につながるかもしれない。それは結果として「障害者は世の中からいなくなればよい」という彼の主張と限りなく重なっていく。

　今の社会が障害者を地域から隔離し、施設や病院での生活を余儀なくしてきたという社会の側の差別、つまり社会全体の今日的な優生思想や差別構造を問うことなく、異常な個人の事件として片づけてしまってはいけない。

　繰り返しになるが、事件は障害者差別解消法が施行された矢先に起きた。少し極端な言い方であるが、「合理的配慮」だけでは差別は解消できないという当たり前のことを突きつけられ

たのである。「障害者の権利に関する条約」を批准した今、どれだけ私たちが障害者差別の解消に向けて、本気で取り組めるかが試されているといえよう。

新しい優生思想

とはいえ、こうした事態は今に始まったことではない。『障害者殺しの思想』を横田弘（1933-2013）が著したのは1979年である。自ら「本来あってはならない存在」としての脳性マヒ者であることを自覚し、殺される側の障害者であると同時に、内なる優生思想を直視したうえで、横田たちは徹底的に抗った。青い芝の会による「愛と正義を否定する」思想を、今日、私たちは改めて噛み砕く必要があろう。とはいえ、こうした40年も前の言説が、今もって大きな影響力のある言葉としてあること自体を、横田はどう見ているだろうか。

日本は1996年まで「優生保護法」を残してきた国家なのである。現在、社会問題になっている当時の強制不妊手術の実態にみられるように、まさに「優生上の見地から不良の子孫の出生を防止する」ことが合法的に認められてきたのである。この法律がなくなったからといって、優生思想が絶たれたわけではない。例えば、新型出生前診断（母体血診断）で異常が確定した場合、96.5％が中絶を選択していたという報道もある。従来の国家権力ではなく、自己決定にもとづくとされる新しい優生思想は、私たちのなかに深くカタチづくられているのである。

今回の殺傷事件でもっとも怖れられたのは、犯人の主張を支持し、彼を救世主だと持ち上げる意見が交わされたことであった。「それはインターネットの世界のことだ」と一蹴することはできない。凶悪性や異常性だけを強調した報道は、ヘイトクライムやヘイトスピーチが有する煽動性を、より高めてしまったのかもしれない。そのことが今日的な優生思想を助長することになってはならない。

相対的価値から絶対的価値へ

その際に何をもって優生と為すか。今日のそれは能力主義であり、新自由主義と結びつくことによって経済的生産性の有無が人間の価値に直結しやすい。すなわち稼ぐことができない人は人間としての価値も劣るという思考である。逆にその能力のある人は差別なく労働ができるように機会を保障しようとする。

例えばADA（Americans with Disabilities Act of 1990）は、障害者差別の禁止というよりは機会均等法としての性格が強い。障害があっても生産性のある、あるいは可能性がある障害者は納税者として期待される。この発想は「ニッポン一億総活躍社会」の社会的背景、能力開発や自己啓発、就労だけに焦点化したキャリア教育も同軸である。こうした視点では差別はなくならない。

むしろ私たちは、尊厳や存在に対する差別を問題にしなければならない。つまり生産性ではなく、そこにその人が存在すること自体に価値を置き、そこに分配することをよしとする社会的合意をつくっていかなければならない。そのためには相対的価値から絶対的価値へと中心軸を移動させる必要がある。

地域共生社会は、こうした思想や価値を問うことなしに成立しない。私たちはどんな共生社会を実現していこうとするか、その構想力が試されているのかもしれない。ノーマライゼーションはスローガンではない。それを福祉関係者の呪文にしているだけでは社会は変わらない。どうしたら共生社会を実現できるか、その具体的な道筋を明らかにしていくことが大切である。

そのためには制度やサービスだけではなく、私たち一人ひとりの意識や行動を変容させることが不可欠である。それは極めて難しいが、でもそれを諦めてしまったら、差別を助長し、社会的排除を認めていくことになる。その結果はやがて戦争につながっていくかもしれない。後述するが、地域共生社会を社会変革の糧にしていく思想が、ソーシャルワークにとって必要なのではないだろうか。

第2節　地域共生社会の理念

● 相互実現的自立

ニッポン一億総活躍プランは、少子高齢・人口減少社会における労働力不足に対する処方箋といえる。子育て・介護の環境整備は大切な施策であるが、プラン自体は児童のため、要介護者のための視点からではない。地域共生社会の実現は経済成長の手段ではなく、社会福祉の視点から意味づけをする必要がある。

またプランで示された「支え手側と受け手側に分かれるのではなく、地域のあらゆる住民が役割を持ち、支え合いながら自分らしく活躍できる地域コミュニティ」とは、2つの見方ができる。「一方的にサービスを受けるだけではなく、すべての人たちが役割を持て」と押しつけられるのか、「お互いの関係性を大切にして、みんなが自己実現できるような地域コミュニティを目指す」のか。前者は経済成長優先、自己責任論にもつながり、後者は社会保障の充実や相互実現論（自己実現に留まらず相互によりよく生きる相互実現）になる。

後者の思想でいえば、それはまさに「相互に支え合う地域」のことであるが、その根底には相互実現的自立（interdependent）という新しい自立観を据えなければならない。

仲村優一（1982年）は、社会福祉行政における自立の意味を問い直す必要性を提起した。

厚生省「脳性マヒ者等全身性障害者問題研究会」による報告書（1980年）をもとに、従来からの生活保護法などにみられる経済的自立や身辺的自立といった自立助長や更生といった考え方ではなく、主体的生活者としての精神的自立を重要視し、それに資する制度や社会福祉のあり方を問うた。

大橋謙策（1983年）は、社会福祉における自立を、①労働的・経済的自立、②精神的・文化的自立、③身体的・健康的自立、④社会関係的自立、⑤生活技術的自立、⑥政治的・契約的自立として構造化してきた。

こうした自立観の変化の背景には、障害者の自立生活運動の影響が大きかった。その運動のなかにも差異が見られる。横田弘たちが主張したのは、生存権の獲得そのものである。それと比較してアメリカ型の自立生活運動は、個人の能力を発揮した生活圏の拡大であるといえる。障害者自立支援法（2006年）の制定にあたっても、青い芝の会は一貫して自らの存在と自立の中身を問うた視点から反対運動を行ってきた。つまり自立とは誰からも強要されるものではなく、また本人の能力によって差異があるものでもなく、そこに主体としての自己決定がなければならないという主張である。自立とはそもそも権力に対する抵抗運動のひとつの概念であり、自立する主体側からの働きかけであった。ところが今日の福祉政策は「自立すること」を全面的に展開し、そこでは従来以上に自立を強要する社会へと変質しつつある。それは、より強く自立した人間こそが報われるとする今日の社会構造のあり方と一致する。

そうした社会にあって、弱くある自分を肯定するという考え方にも注目しておきたい。立岩真也（2000年）は、果たして人間は強い存在なのかという視点から「弱くある自由へ」として、誰もが自立した自己決定が本当に可能なのか、と問う。自立とは自己選択・自己決定できるということと短絡的にとらえがちであるが、果たしてそうだろうか。例えば市野川容孝（2004年）は、「自己決定権の社会化」の必要性を指摘する。彼は、今日の自己決定権、自己決定の自由そのものが、きわめて不平等な形でしか分配されていないことを批判する。たしかに、自己決定できるか否かを個人の「能力」の問題にしていくことで、一部の限定的な特権としての自己決定が生まれてくる。こうした問題は自己決定支援のあり方にもつながる。自立、あるいは自立支援のあり方を改めて問わなければならない。

このことは本人の意思決定支援にも通底する考え方である。その視点からすれば専門職主体の「権利擁護」というものにはパターナリズムに陥る危険性がある。自己決定ができない人を擁護するのではなく、本人の意思にもとづく権利行使を支援する「権利行使支援」こそが、ソーシャルワークに必要な視点といえる。従来の自立プログラムでは依存（dependent）から自立（independent）へ、すなわち援助を受けなくてすむようになることを目標にしてきた。しかし人間は弱い存在である。その存在の弱さを認めあい、お互いによりよく生きようという

生き方が 2000 年以降、問われるようになった。まさに自己実現ではなく相互実現である。

　そこでは、interdependent という概念に注目したい。これを心理学では依存的自立と用いることがあるが、共依存（codependent）とは全く異なる方向性である。お互いによりよく生きるという「相互実現」という言葉を、地域福祉ではボランティアの世界で使ってきた。この言葉を大切にしたのが木谷宜弘である。1962 年に徳島県で初めて「善意銀行」を立ち上げ、その後、日本のボランティアの普及に力を注いだ彼は、ボランティアとは「相互実現の途」と語っていた。それはボランティアする側とされる側に分かれるのではなく、双方向の関係性を育むことで「お互いさま」という役割をつくりあう。また最近では、熊谷晋一郎（東京大学先端科学技術研究センター）が「自立とは依存先を増やすこと」と説明しているが、よりたくさん相談先があること、支援先があることが豊かな自立をつくっていくという発想である。

　同様に奥田知志（NPO 法人抱樸理事長）は「助けてと言える社会」の必要性を説く。受援力、伴走型、寄り添う支援といった今日的なキーワードはそうした社会的文脈のもとに意識化されたものであり、生活困窮者自立支援制度の創設にあたっては、こうした新しい自立の理念が繰り返し議論されてきた。

ケアリングコミュニティの構築

　繰り返しになるが、このことは、ソーシャルワークにおける「自立」とは何かを問い返すことにつながる。現在、厚生労働省で進められている介護予防における自立とは全く逆の方向性である。サービスを使わなくなることを「卒業」と称して、それを自立とする支援とは質的に異なるものである。

　相互実現的自立を深めていくことは、ケアリングコミュニティの思想につながる。ケアリングコミュニティとは、地域共生社会の基本になる概念である。そもそもケアリングとは看護の領域で用いられてきた。人と人との関係性、ケアする側とケアされる側との人間関係のなかで、双方向性が大切にされ、その結果、相互に成長していく過程の重要性などが指摘されてきた。こうしたケアリングの考え方をコミュニティにまで広げて展開しようという考え方である。

　大橋謙策は、ケアとコミュニティの今日的な位相について論考するなかで、「従来の地域の支えあいではなく、意識的に活動する住民による新しい地域づくり」（大橋 2014）を問題提起し、日常生活圏を基盤として行政の制度的サービスと近隣住民のインフォーマルサービスとを結びつけ、地域自立生活を支援するコミュニティソーシャルワークによるケアリングコミュニティの構築を構想した。

　筆者はケアリングコミュニティを、「共に生き、相互に支えあうことができる地域」（原田 2014）として定義し、それは地域福祉の基盤づくりであると考えてきた。そのためには、共に

生きるという価値を大切にし、実際に地域で相互に支えあうという行為が営まれ、必要なシステムが構築されていかなければならない。こうしたケアリングコミュニティを創りだしていくためには、①当事者性の形成、②地域自立生活支援、③参加・協働の促進、④制度による基盤構築、⑤地域経営・自治といった５つの構成要素が必要であると考えてきた。

地域共生社会とは、このケアリングコミュニティを構築していくことでもある。

第3節 地域づくりの方向性

「福祉でまちづくり」

生活困窮者自立支援制度では、目標として「生活困窮者支援を通じた地域づくり」を位置づけた。今日の生活困窮の背景にある社会的孤立に対処していくためには、「自立と尊厳の確保」といった個別支援と地域づくりを両輪として展開することが極めて重要である。このことは個別支援と地域支援を一体的に展開するというコミュニティソーシャルワークの考え方である。大橋謙策は古くから「福祉でまちづくり」の重要性を指摘してきた。「福祉のまちづくり」ではなく、「福祉で」コミュニティを構築していくという発想は、コミュニティソーシャルワークの展開が地域創生とも循環する地域づくりのことを意図している。

３つの方向性

地域力強化検討会では、「中間とりまとめ」を報告した（2016年12月26日）。そのなかで、地域共生社会における地域づくりの方向性を３つに整理した（**表1-1**）。

表1-1 「地域づくり」の３つの方向性

①まちづくりにつながる「地域づくり」
　　地域の産業や文化、地方創生との連携
　　福祉分野以外との連携と基盤構築
②福祉コミュニティとしての「地域づくり」
　　福祉関係者のネットワーク
　　対人援助の多職種連携
③一人を支えることができる「地域づくり」
　　近隣のソーシャルサポートネットワーク
　　見守り、生活支援、居場所づくり

1つは持続可能な地域社会を構築していくための「地域再生」の動きと連動した地域づくりである。協議の場を大切にした合意形成による集落自治の活性化や、地元産業と連携した雇用の創出、地域経済の活性化と循環した地産地消の地域福祉といった取り組みは、福祉分野にとらわれない地域づくりを志向している。この方向性による福祉教育は、まさに地域の文化や伝統、地域の活性化に向けた「まちづくり」を志向した福祉教育である。

　2つ目は、地域課題の発見・共有化と問題解決に向けた福祉関係者の地域組織化による地域づくりである。福祉コミュニティをしっかりつくるという営みである。市町村レベルのネットワークもあれば、日常生活圏域、さらに身近な地域での取り組みもある。重層的に福祉コミュニティをつくっていく必要がある。その際に当事者を含めた多様な構成員による協働により、「丸ごと」受け止められる福祉コミュニティの構築が必要である。ここでは地域の課題を共有していくための福祉教育が求められる。

　そして3つ目は、一人ひとりを支えることができる地域づくりである。ソーシャルサポートネットワークを形成する取り組みである。ある意味、「我が事」にする難しさが最も現れるのは個人と近隣の関係である。コンフリクト（葛藤）が起こりやすく、場合によっては排除や抑圧につながる。しかし、この地域づくりを本気でやらなければ変わらない。まさに包摂に向けた福祉教育が求められる場面である。

◯ SDGsと地域づくり

　地域共生社会を意図した地域づくりを考えるとき、それはまさにSDGsの視点と重なる。

　SDGsとは「Sustainable Development Goals（持続可能な開発目標）」の略称であり、2015年の国連サミットで採択されたもので、2030年に達成しようという目標である。

　気候変動や経済的不平等、イノベーション、持続可能な消費、平和と正義、パートナーシップなどを優先課題として盛り込んでいる。

　具体的には、「1、貧困をなくそう」、「3、すべての人に健康と福祉を」、「11、住み続けられるまちづくりを」、「17、パートナーシップで目標を達成しよう」といった17の目標と169のターゲット（達成基準）、さらにそれを具体的にした230の指標が定められている。この取り組みによって『誰も取り残されない』世界を実現しようという壮大な挑戦でもある。

　地域づくりを考えるとき、そこに生活をする一人ひとりのことを大切にしながら、まさに地球社会全体につながっていく視点も大切である。現在、日本国内でも自治体や企業などの取り組みが始まっている。地域共生社会にかかわる関係者も、この動きをふまえておく必要がある（56頁コラム参照）。

第4節 政策としての地域共生社会

新しい福祉の提供ビジョン

　地域共生社会が政策として位置づけられた社会的文脈を押さえておく必要がある。2013年8月、「社会保障制度改革国民会議」は「21世紀（2025年）日本モデル」を提唱し、すべての世代を対象とした相互の支えあいの仕組み、地域づくりとしての医療・介護・福祉・子育てという「21世紀型のコミュニティの再生」を打ち出した。

　その後、2015年9月、厚生労働省は「全世代・全対象型地域包括支援体制」という新しい福祉の提供ビジョンを発表する。高齢者を対象にしたこれまでの地域包括ケアの考え方を「深化」させ、すべての地域住民を包含した地域による支えあうという「丸ごと」の体制を構築しようというものである（図1-1）。

　ここでは、①包括的な相談から見立て、支援調整の組み立て＋資源開発、②高齢、障害、児童等への総合的な支援の提供、③効果的・効率的なサービス提供のための生産性向上、④総合的な人材の育成・確保という4つの改革が示された。そのことによって、地域住民の参画と協働により、誰もが支え合う共生社会を実現するという新しいビジョンが動き始める。

地域力強化検討会

　さらに政府は、持続的な経済成長を維持していくために「ニッポン一億総活躍プラン」（2016年6月2日閣議決定）を示した。ここでは「包摂と多様性による持続的成長と分配の好循環」を目指すとされている。その際に「安心につながる社会保障」として、地域共生社会の実現が位置づけられた。これにもとづき、厚生労働省は大臣を本部長にした「地域共生社会実現本部」を設置（2016年7月15日）し、局を横断する3つのワーキングチームを設け、省庁をあげての検討が始まった。

　さらに地域力強化検討会が設けられ、2016年10月4日に初回の会合が持たれた。12月26日には「中間とりまとめ」を公表し、この議論の方向性を示した。その内容をもとに社会福祉法改正案が検討された。2017年2月に国会に法案を提出した後も並行して検討が進められ、具体的な内容について論議された。改正法は6月に公布され、2018年4月からの施行となった。

　この検討会には多くの現場実践者が委員として就任していたことから、その実践知を引き出すことを目的に、国の会議としては異例ではあったが、ワークショップ形式を3回も導入し

図1-1 「新たな時代に対応した福祉の提供ビジョン」(平成27年9月 厚生労働省「新たな福祉サービスのシステム等のあり方検討PT」報告)

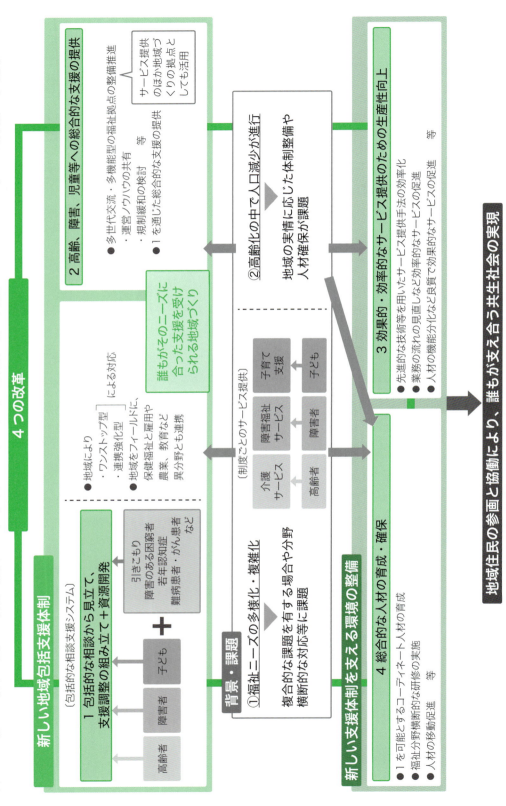

出典:厚生労働省資料

て検討を重ねた。6月以降は法案成立をふまえ、理念としての第4条、5条、6条にもとづき、包括的支援体制の構築（社会福祉法第106条第2項、第3項）と地域福祉（支援）計画（法第107条、第108条）策定を含めた行政の役割等について焦点化して検討を重ねた。その枠組みでまとめられたものが「最終とりまとめ」である。2017年8月21日に第10回目の地域力強化検討会が開催され、最終とりまとめが承認された。その後、9月12日に厚生労働省より公表された。

最終とりまとめは、総論・各論・おわりにという三部構成になっている。法改正をふまえて、第106条第3項、第107条、第108条について、より実践的かつ具現的にまとめられたのが「各論」である。理念的なことは「総論」でまとめ、今後の課題について「おわりに」に記載されている。

よって地域力強化検討会の内容については、①中間とりまとめ、②改正社会福祉法、③最終とりまとめを3点セットで理解しなければ全体像がつかめない。

「中間とりまとめ」では、地域共生社会が求められる背景として、4つのことが議論された（図1-2）。1つは少子高齢社会に加えて、深刻な「人口減少社会」の到来である。40年後の2060年には3分の1の人口が減り、約8,000万人になると推計される。消滅可能性都市、限界集落といった指摘もされているように、このことは経済、地域社会、社会保障、財政にも大きく影響を及ぼし、日本社会は変わらざるをえなくなっていく。

2つめは「課題の複合化・複雑化」である。「8050」といった80代の高齢者の介護の問題と50代の引きこもりの問題が1つの世帯で生じているという実態は各地にある。最近では「805020」と三世代にわたった問題を抱えている世帯のニーズも報告されている。一方で親の介護と子育てを同時に行わなければならないといった、ダブルケアの問題も増加している。さらに生活困窮などは複数の問題が重なり合って、生活のしずらさを複雑にしている状況もある。

こうした問題の背景には、3つめとして「社会的孤立」がある。社会的孤立とは、①家族からの孤立、②近隣社会からの孤立、③集団、組織からの孤立、④情報からの孤立、⑤制度・サービスからの孤立、⑥社会的役割からの孤立といった側面がある。このことが折り重なって強度になることで、生きる意欲が喪失したり、セルフネグレクト状態になったり、地域からの排除につながることも生じる。

そして4つめは「地域の福祉力の脆弱化」である。担い手がいないというだけではなく、地域活動への意識も含めて、ボランタリーな意識が醸成されていないこと。新自由主義のもと、自分さえよければいい、あるいは自己責任という利己主義が蔓延していること。それ以上に格差社会の進展により活動そのものができない状況を生み出していることなどがあげられる。また別の視点でいえば、そもそも地域にあった福祉力を奪ってきたのは誰かという問題もある。

図1-2 地域力強化検討会中間とりまとめの概要～従来の福祉の地平を超えた、次のステージへ～

【現状認識】
・少子高齢・人口減少
　→地域の存続の危機
・人、モノ、お金、思いの循環が不可欠
・課題の複合化・複雑化
・社会的孤立・社会的排除
・地域の福祉力の脆弱化

【進めている取組】
・地方創生・地域づくりの取組
・生活困窮者自立支援制度による包括的な支援

【今後の方向性】
● 地域づくりの3つの方向性⇒互いに影響し合い、「我が事」の意識を醸成
　① 自分や家族が暮らしたい地域を考える」という主体的・積極的な取組の広がり
　② 地域で困っている課題を解決したい」という気持ちで活動する住民の増加
　③「一人の課題」について解決する経験の積み重ねによる誰もが暮らしやすい地域づくり
● 生活上生じる課題は介護、子育て、障害、病気等から、住まい、就労、家計、孤立等に及ぶ
　⇒くらしにとって「丸ごと」支える
● 地域の持つ力と公的な支援体制が協働して初めて安心して暮らせる地域に

1.「住民に身近な圏域」での「我が事・丸ごと」
● 他人事を「我が事」に変えていく働きかけをする機能が必要 [1]
・「どのような地域に住みたいか」を話し合える土壌
・「楽しい」「やりがいがある」取組への地域住民の参加
・「深刻な状況にある人」に対し「自分たちで何かできないか」と思える意識

● 「複合課題丸ごと」「世帯丸ごと」「とりあえず丸ごと」受け止める場を設けるべき [2]
・表に出にくい深刻な状況にある世帯に早期に気付けるのは住民
・しかし、支援につなげられる体制がなければ、自ら解決するか、気になりながらも声をあげることができないままにせざるを得ない
・例えば、地区社協、市区町村社協の地区担当、地域包括支援センター、相談支援事業所、利用者支援事業、社会福祉法人、NPO法人等

2. 市町村における包括的な相談支援体制
● 協働の中核を担う機能が必要 [3]
・住民に身近な圏域で把握された「丸ごと」の相談に対応
・多様・複合課題⇒福祉のほか、医療、保健、雇用・就労、司法、産業、教育、家計、権利擁護、多文化共生等多岐にわたる連携体制が必要
・制度の狭間⇒地域住民と協働して新たな社会資源を見つけ出し、生み出す
・例えば、生活困窮者自立支援制度に関わる課題は、生活困窮者自立支援制度の自立相談支援機関や自立相談支援機関が設置されていない自治体や生活困窮以外の課題は、「多機関の協働による包括的支援体制構築事業」（28年度5億円）
※平成28年度に26自治体が実施。自立相談支援機関、地域包括支援センター、社協、社会福祉法人、医療法人、NPO、行政など、様々な機関に設置されている。

3. 地域福祉計画等法令上の取扱い
● 地域福祉計画の充実
・1、2の「我が事・丸ごと」の体制整備を記載
・地域福祉計画策定を義務化、PDCAサイクル徹底すべき
・地域福祉計画の上位計画としての位置づけ

● 地域福祉の対象や考え方の進展を社会福祉法に反映すべき
・福祉サービスを必要とする⇒就労や孤立の解消等も対象
・支え手側と受け手側に分かれない（一億プラン）

● 守秘義務に伴う課題を法制的な対応を含め検討
・守秘義務を有する者が、住民の協力も得ながら課題解決に取り組む場合、住民との間で個人情報の共有が難しい。

4. 自治体等の役割
● 自治体組織も、福祉部局の横断的な体制、保健所等も含めた包括的な相談体制の構築を検討すべき

● どのような形で作るかは、自治体により様々な方法
● 分野ごとの財源⇒柔軟な財源の活用や、別途の財源の議論など、財源のあり方について具体的に検討すべき。

出典：厚生労働省資料

つまり制度やサービス、専門職が地域の支えあう力を奪ってきたのではないかという自省も必要である。

これに加えて、検討会ではそもそも「地域」には2つの顔があるということが何度も指摘された。地域のなかで受け止められ、支えられるという優しい側面と、排除され抑圧されるという冷たい側面である。難しいのはそのことが同時に起こることである。地域はユートピア（理想郷）ではない。しかし人が生活していくうえで大切な空間である。この二面性があることを前提に地域をみておく必要がある。一方的な期待感、もしくは絶望感だけでは偏ってしまう。「我が事」として安易に地域に押しつけることではないという意見は当初から指摘されてきたことである。

地域共生社会の3つのベクトル

政策としての地域共生社会を考えるとき、3つのベクトルがある。

1つは地域包括ケアシステムの考え方である。地域包括ケアシステムを介護保険制度による高齢者だけに限定せずに、対象を広げていこうという指向である（図1-3）。まさに「0歳～100歳の地域包括ケアシステム」を創出していこうという取り組みである。各地の地域包括ケアシステムの構築に向けた取り組みのなかで、65歳以上に限定することはおかしいという地域住民の声もある。ただし「地域における医療及び介護の総合的な確保の促進に関する法律」

図1-3　地域共生社会の実現に向けた包括的支援体制

出典：厚生労働省資料

第2条では地域包括ケアシステムについての定義が示され、ここでは「高齢者」に限定されている。将来的には法改正も必要であるが、現時点では高齢者も含めて「地域包括支援体制」と位置づけられた。

2つめは生活困窮者自立支援制度からの流れである。社会的孤立、制度のはざま、寄り添う支援、生活困窮者支援を通じた地域づくりといった視点や理念が軸になっている。この点については後述するが、対象を限定せず、申請主義を乗り越え、アウトリーチを基本にして、必要な個別支援と地域支援を総合的に展開するといった、コミュニティソーシャルワークを軸とした地域共生社会の支援のあり方である。

そして3つめは、ノーマライゼーションを含めた地域福祉の理論と方法である。2000年の「社会的な援護を要する人々に対する社会福祉のありかたに関する検討会」(座長：阿部志郎)の報告書では、ソーシャル・インクルージョンというEUの政策目標を紹介し、日本においての今日的な「つながりの再構築」の必要性をもとに、「全ての人々を孤独や孤立、排除や摩擦から援護し、健康で文化的な生活の実現につなげるよう、社会の構成員として包み支え合う(ソーシャル・インクルージョン)ための社会福祉を模索する必要がある」としている。

2008年の「これからの地域福祉のあり方に関する研究会」(座長：大橋謙策)では、基本的な福祉ニーズは公的な福祉サービスで対応する、という原則をふまえつつ、「地域における多様な生活ニーズへの的確な対応を図る上で、成熟した社会における自立した個人が主体的に関わり、支え合う、地域における『新たな支え合い』(共助)の領域を拡大、強化することが求められている」と指摘した。まさに「生活困窮者支援」で議論されてきた「第2のセーフティネット」とは、この新たな支え合いと同軸のものである。これに加えて、地域力強化検討会の報告を位置づけることで、流れが見えてくる。

第5節　包括的支援体制

◯ 3つのネットワーク

0歳から100歳までの地域包括支援体制を構築しようとする取り組みが、各地で始まっている。その際のキーワードは「多職種・多機関連携」と「相談支援の構造化」、そして「ソーシャルワークの機能の明確化」である。児童・障害・高齢といった分野の縦割りをなくすということは、専門性を否定するということではない。また、例えばスウェーデンの社会サービス法のような総合支援制度を立法化するという選択肢もあるが、現時点では制度をつなぐ仕組み

から着手するほうが現実的あると考える。ただし、連携と言うだけでは何も動かない。人と機能と情報、仕組みを整えていかなければならない。具体的には、個人情報や守秘義務の取り扱いについては踏み込んだ改善が求められる。

中間とりまとめでは「地域における住民主体の課題解決力強化・包括的な相談支援体制のイメージ」を示した（**図 1-4**）。

このイメージ図では、「住民に身近な圏域」が1つのポイントである。この圏域をどう設定するかは、地域福祉計画の策定における重要な論点でもある。この点については後述する。

大事なことは、3つのネットワークをつくろうという点である。まずは「住民に身近な圏域」でつくるネットワークである。ここにはさらに細かく2つの機能がある。1つは地域の基盤づくりとして、【1】の機能である。地域の基盤づくりにも専門職がしっかり介入して協働していくことを想定している。従来のように住民に丸投げするということではない。身近なところにあるさまざまな人たちやグループ等と専門職が協働して、地域の基盤づくりをしていくという機能を示している。その際に「住民主体」という社会福祉協議会が大切にしてきた理念、方法論の知見が役立つと思う。

もう1つの機能は【2】の課題の受け止め、解決である。ここでは地域生活課題を丸ごと受け止められる、ジェネリックな支援が必要になる。より生活に近いところで受ける相談は総合的なものになる。

2つ目のネットワークは、【3】として市町村圏域のなかで自立相談支援機関を中心としながら、いろいろな既存の専門機関とか専門職をつないでいくネットワークが想定されている。すでにあるさまざまな専門機関、団体が連携できるしくみであり、そのしくみを活用した支援体制といえる。

3つ目のネットワークは、イメージ図の左下、点線になっているところに注目したい。この点線のなかには、医療的ケアを要する子どもやドメスティック・バイオレンス（以下、「DV」）、刑務所の出所者云々とある。こうした支援については、市町村の圏域を越えて、県や広域で対応していくことが必要にもなるより専門的な（スペシフィックな）支援を想定している。あるいは身近な地域ではプライバシーが護られない、本人もそれを望んでいない場合もある。いずれにしても、すべてのニーズを市町村のなかだけで完結させるのではない。

図 1-4　地域における住民主体の課題解決力強化・包括的な相談支援体制のイメージ

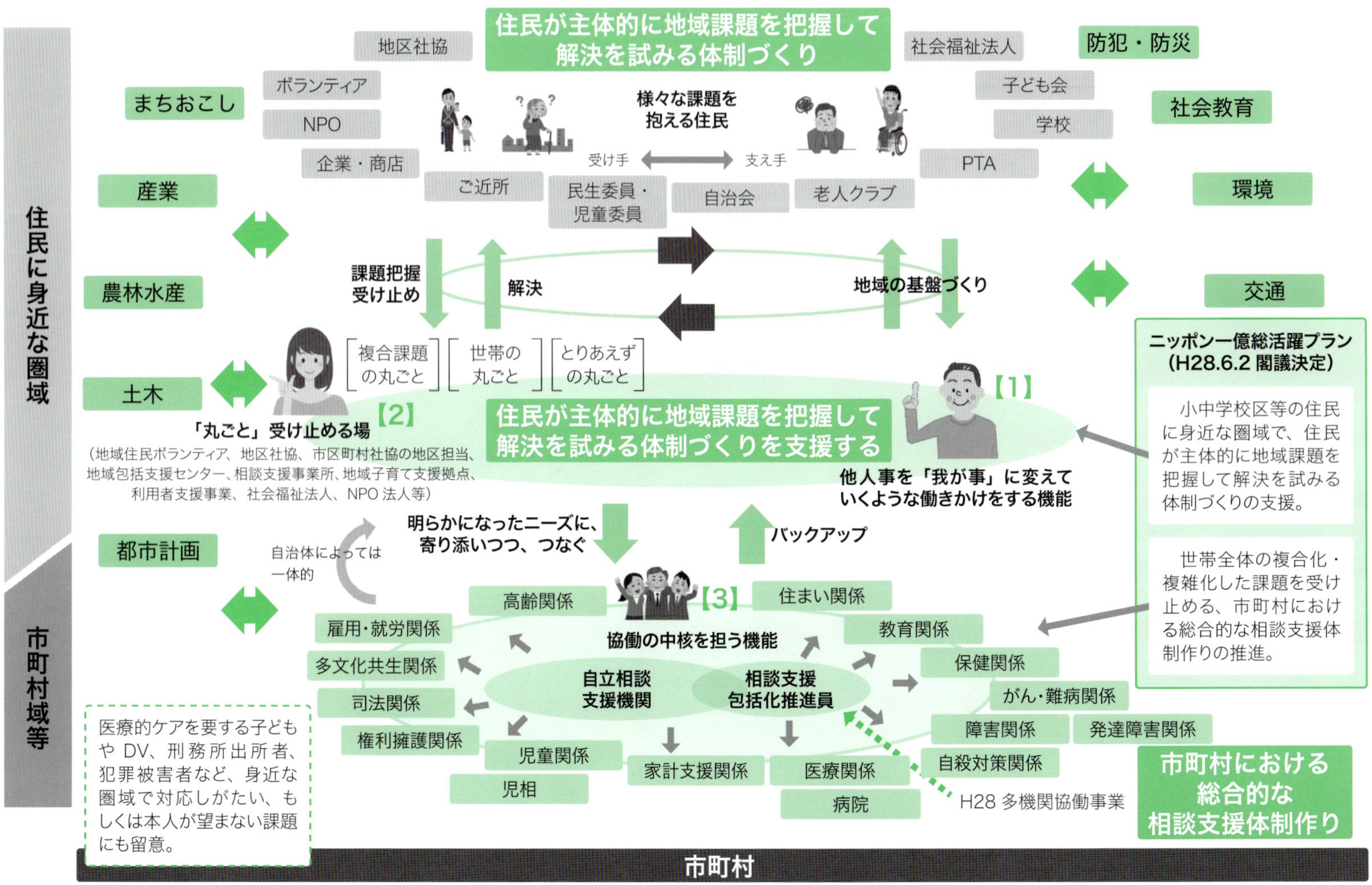
住民に身近な圏域
市町村域等
住民が主体的に地域課題を把握して解決を試みる体制づくり
地区社協
ボランティア
NPO
企業・商店
ご近所
民生委員・児童委員
自治会
老人クラブ
PTA
学校
子ども会
社会福祉法人
様々な課題を抱える住民
受け手
支え手
まちおこし
産業
農林水産
土木
都市計画
防犯・防災
社会教育
環境
交通
課題把握 受け止め
解決
地域の基盤づくり
複合課題の丸ごと
世帯の丸ごと
とりあえずの丸ごと
【2】
「丸ごと」受け止める場
（地域住民ボランティア、地区社協、市区町村社協の地区担当、地域包括支援センター、相談支援事業所、地域子育て支援拠点、利用者支援事業、社会福祉法人、NPO 法人等）
住民が主体的に地域課題を把握して解決を試みる体制づくりを支援する
【1】
他人事を「我が事」に変えていくような働きかけをする機能
ニッポン一億総活躍プラン（H28.6.2 閣議決定）
小中学校区等の住民に身近な圏域で、住民が主体的に地域課題を把握して解決を試みる体制づくりの支援。
世帯全体の複合化・複雑化した課題を受け止める、市町村における総合的な相談支援体制作りの推進。
明らかになったニーズに、寄り添いつつ、つなぐ
バックアップ
自治体によっては一体的
【3】
協働の中核を担う機能
自立相談支援機関
相談支援包括化推進員
高齢関係
雇用・就労関係
多文化共生関係
司法関係
権利擁護関係
児童関係
児相
家計支援関係
医療関係
病院
住まい関係
教育関係
保健関係
がん・難病関係
障害関係
発達障害関係
自殺対策関係
H28 多機関協働事業
市町村における総合的な相談支援体制作り
医療的ケアを要する子どもや DV、刑務所出所者、犯罪被害者など、身近な圏域で対応しがたい、もしくは本人が望まない課題にも留意。
市町村

出典：厚生労働省資料

相談支援の構造化

　こうした支援の体系を考えていく必要がある。それをもとに「相談支援の構造化」が必要である（表1-2）。例えば一次相談（日常生活圏域）、二次相談（基礎自治体）、三次相談（広域）という体系化を試みる。

　一次相談は「何でも相談」である。ニーズキャッチとしては極めて重要な相談であり、必要に応じて二次相談に的確につなげる。生活全体を把握し、ジェネリックな見立てができなければならない。とはいえ相当数の配置をすることは難しく、むしろ早期発見の仕組みを住民と協働してつくり、そのうえで見立てと予防を含めた道筋を立てる役割といえる。まさに総合診療医のような福祉のプライマリ・ケアを担えるソーシャルワーカーが必要である。

　また二次相談のレベルでは、それぞれをつなぐ「生活支援包括化推進員」といった役割機能を果たせるソーシャルワーカーが必要になる。ただしこれは、すべての相談支援を一次相談に押し込めるというものではない。例えばDVの問題などは広域支援が不可欠であるし、それぞれのニーズによって対応は異なる。

　日常生活圏域をベースに考えたとき、地域包括支援センターが重要な拠点になる。すでにセンターは家族全体のニーズキャッチをしているところが多い。より積極的に支援できる体制整備が求められている。あるいは地域にはさまざまな「協議の場」とコーディネーターがあふれている。こうした社会資源について体系的に整理を行い、効果的に運用できるように自治体ごとに再編成することも大切である。

　三次相談はより専門性の高度な、スペシフィックな支援の領域である。すべての相談支援が市町村の範囲で完結するものではない。広域であるいは県域で対応していかなければならない支援もある。さらに将来的には、福祉事務所や児童相談所、保健所、社会福祉主事資格などを見直し、地域福祉行政が推進できるような行政組織の再編成を検討していくことが、地域包括支援体制を完成していくためには必要になっていくのではないだろうか。

表1-2　総合相談支援の構造化

一次相談　「住民に身近な圏域」
　個人や家族の「生活のしずらさ」を丸ごと受け止める。
　発見や支え合いには、地域住民の力が必要。
　「丸ごと」受け止める専門職、場が必要。

二次相談　「基礎自治体（市区町村）の圏域」
　各分野の制度・社会資源、専門性を基礎としながら、包括的な支援体制を構築する。

三次相談　「広域の圏域」
　DVや犯罪被害者、あるいは医療ケア・虐待など、
　プライバシー保護や高次な支援は広域で行う。

すでに共生ケアや小規模多機能による生活支援の実践知、保健福祉サービスセンターといったワンストップ対応をしてきた自治体などから学び、地域包括支援体制をどう構築していくかを基礎自治体ごとに検討していかなければならない。

第6節 改正社会福祉法

○「地域生活課題」の把握

2017年、第193回国会で「地域包括ケアシステムの強化のための介護保険法等の一部を改正する法律」が成立した。このなかで地域共生社会の実現に向けた社会福祉法の改正が行われ、地域福祉計画についての位置づけが大きく改正された（**表1-3**）。

社会福祉法第4条第1項は、「あらゆる分野の活動に参加する機会が確保されるように」と改正された。従来は「機会が与えられるように」という恩恵的な表現であったが、権利性が強調された。この背景には障害者差別解消法による合理的配慮の考え方が反映されている。

そして、第2項で新しく「地域生活課題」について定義された。地域福祉の推進にあたっては、この地域生活課題を把握し、関係者が連携して、その解決にあたるものされた。地域生活課題とは、個人とその世帯が抱えている、①福祉、介護、介護予防、保健医療、住まい、就労

表1-3　社会福祉法の改正（第4条）

（地域福祉の推進） 第4条　地域住民、社会福祉を目的とする事業を経営する者及び社会福祉に関する活動を行う者（<u>以下「地域住民等」という。</u>）は、相互に協力し、福祉サービスを必要とする地域住民が地域社会を構成する一員として日常生活を営み、社会、経済、文化その他あらゆる分野の活動に参加する機会が<u>確保される</u>ように、地域福祉の推進に努めなければならない。 <u>2　地域住民等は、地域福祉の推進に当たつては、福祉サービスを必要とする地域住民及びその世帯が抱える福祉、介護、介護予防（要介護状態若しくは要支援状態となることの予防又は要介護状態若しくは要支援状態の軽減若しくは悪化の防止をいう。）、保健医療、住まい、就労及び教育に関する課題、福祉サービスを必要とする地域住民の地域社会からの孤立その他の福祉サービスを必要とする地域住民が日常生活を営み、あらゆる分野の活動に参加する機会が確保される上での各般の課題（以下「地域生活課題」という。）を把握し、地域生活課題の解決に資する支援を行う関係機関（以下「支援関係機関」という。）との連携等によりその解決を図るよう特に留意するものとする。</u>

及び教育に関する課題、②福祉サービスを必要とする地域住民の地域社会からの孤立の課題、③福祉サービスを必要とする地域住民が日常生活を営み、あらゆる分野の活動に参加する機会が確保されるうえでの課題である。

　従来のような個人だけではなく、複合的にその世帯が抱えている課題をとらえ、世帯支援を前提にする。そのうえで、福祉や介護、保健、医療だけではなく、住まい、就労、教育まで広げて地域生活課題を認識することが重要になる。ただし、これだけであれば生活課題と言ってもいいのであるが、それだけではなく、社会的孤立や社会参加の機会の確保、つまり社会的包摂や合理的配慮の課題などを含めて「地域生活課題」として認識していかなければならない。

　このことはソーシャルワークにおいて、アセスメントに大きな影響を及ぼす。個人だけではなく、世帯全体をとらえてニーズを把握すること、その際にも福祉的な側面だけではなく、広く生活をとらえてアセスメントすることが重要である。それに加えて、社会的孤立や社会参加の機会の確保についてどうアセスメントをすればよいのか。それはまさに「社会モデル」の視点が求められる。本人や世帯だけではなく、当該者が生活している地域社会やその関係性も含めてアセスメントをしていかなければならない。まさにICFによるアセスメント、それに加えてコミュニティのアセスメントを同時にしていく必要がある。すなわちコミュニティソーシャルワークの視点から地域生活課題を把握していく力が、すべてのソーシャルワーカーに求められるのである。

国及び地方公共団体の責務

　また、従来の第4条では、①地域住民、②社会福祉を目的とした事業を経営する者、③社会福祉に関する活動を行う者という三者が相互に協力し、地域福祉の推進に努めなければならないとされていた。そこに国及び地方公共団体は含まれていなかった。地域共生社会は、地域住民に「丸投げ」することでも、「我が事」として押しつけられるものでもない。検討会では、地域福祉の推進おける公的責任を問う意見が出された。

　そうした議論をふまえて、第5条では、改めて社会福祉を目的とした事業を経営する者について、地域福祉の推進のための連携を図る旨の規定が加えられた（**表1-4**）。

　また、第6条第2項は、国及び地方公共団体の責務として、「地域住民等が地域生活課題を把握し、支援関係機関との連携等によりその解決を図ることを促進する施策その他地域福祉の推進のために必要な各般の措置を講ずるよう努めなければならない」とされた。地域福祉の推進にあたっての行政の責務が明記されたのである。

　つまり、地域福祉の推進が従来の「三者関係」から、「四者関係」という新しいステージに移行したのである。行政が地域福祉を推進するにあたって、これまでの行政組織による縦割りの弊害を克服していくための、横断的な組織再編も含めた検討が必要になっていくであろう。

表1-4　社会福祉法の改正（第5条、第6条）

> **（福祉サービスの提供の原則）**
> 第5条　社会福祉を目的とする事業を経営する者は、その提供する多様な福祉サービスについて、利用者の意向を十分に尊重し、<u>地域福祉の推進に係る取組を行う他の地域住民等との連携を図り</u>、かつ、保健医療サービスその他の関連するサービスとの有機的な連携を図るよう創意工夫を行いつつ、これを総合的に提供することができるようにその事業の実施に努めなければならない。
>
> **（国及び地方公共団体の責務）**
> 第6条（略）
> 2　<u>国及び地方公共団体は、地域住民等が地域生活課題を把握し、支援関係機関との連携等によりその解決を図ることを促進する施策その他地域福祉の推進のために必要な各般の措置を講ずるよう努めなければならない。</u>

具体的には、地域福祉の視点からの企画や調整機能、総合相談支援ができる機能を展開できる組織であることが重要になる。

● 関係支援機関につなぐ

　第106条の2では、社会福祉を目的とする事業を経営する者のうち、地域での相談支援事業（地域子育て支援拠点事業、母子健康包括支援センター事業、介護予防・日常生活支援総合事業、地域支援事業、障害者地域生活支援事業、地域子ども・子育て支援事業）を行うものは、「当該事業を行うに当たり自らがその解決に資する支援を行うことが困難な地域生活課題を把握したときは、当該地域生活課題を抱える地域住民の心身の状況、その置かれている環境その他の事情を勘案し、支援関係機関による支援の必要性を検討するよう努めるとともに、必要があると認めるときは、支援関係機関に対し、当該地域生活課題の解決に資する支援を求めるよう努めなければならない」とされた。

　例えば、「8050」と称される、80代の利用者のお宅に、50代の引きこもりの長男が同居しているようなケースの場合、これまでは介護支援専門員によっては、50代の方の問題については見て見ぬふりをすることもあった。「私の仕事である介護保険事業の支援対象は80代の方だけである」という考え方である。介護支援専門員の個人としての問題だけではなく、事業者としてもそんなお金にならないことはかかわらなくてよい、という経営をしていたところもある。しかし今後は、それは許されない。50代の方の地域生活課題をしっかりと把握して、つなぐ役割が諸事業には求められる。

　しかしながら、発見した事業所が、その問題の解決まで責任をもてということではない。あくまでも把握をして、関係支援機関につなぐことが重要である。

市町村による「包括的支援体制」

ではどこへつなげばよいのか。それが市町村による「包括的支援体制」である。第106条の3では「市町村は、次に掲げる事業の実施その他の各般の措置を通じ、地域住民等及び支援関係機関による、地域福祉の推進のための相互の協力が円滑に行われ、地域生活課題の解決に資する支援が包括的に提供される体制を整備するよう努めるもの」と定められた。

106条の3では、包括的支援体制について3つの事業を定めている。

一　地域福祉に関する活動への地域住民の参加を促す活動を行う者に対する支援、地域住民等が相互に交流を図ることができる拠点の整備、地域住民等に対する研修の実施その他の地域住民等が地域福祉を推進するために必要な環境の整備に関する事業

二　地域住民等が自ら他の地域住民が抱える地域生活課題に関する相談に応じ、必要な情報の提供及び助言を行い、必要に応じて、支援関係機関に対し、協力を求めることができる体制の整備に関する事業

三　生活困窮者自立支援法第2条第2項に規定する生活困窮者自立相談支援事業を行う者その他の支援関係機関が、地域生活課題を解決するために、相互の有機的な連携の下、その解決に資する支援を一体的かつ計画的に行う体制の整備に関する事業

さらにこれらを市町村だけに求めるのではなく、国としてどう推進するかについて、厚生労働大臣が指針を公表することになり、2018年12月12日に指針を告示している。

地域福祉計画

こうした包括的支援体制を整備するうえで、市町村には第107条において地域福祉計画、都道府県には第108条において地域福祉支援計画を位置づけている。検討会では、この計画策定を義務づける必要があるという意見が多かったが、結果として義務化には至らずに努力義務規定になった。未だ全国の3割の市町村が未策定で、かつ都道府県によってその策定率の差が大きい。都道府県によっては、県内の市町村の策定率が100%のところもあれば、都道府県自体が地域福祉支援計画を策定していないところもあり、都道府県によって格差が大きいのが実態である。その意味では、まずは第108条を義務化し、まずは都道府県の基盤と支援施策を整えていく必要がある。特に市町村を越えた広域事業や医療計画との整合性など、支援計画では仕組みをつくっていく必要性がある。

以上のように、第4条、第5条、第6条、第106条との関連をふまえて、第107条、第108条の地域福祉（支援）計画の改正をとらえておく必要がある。つまり、この改正によって地域福祉の理念が追加され、それに伴い行政の責務が明確になり、その役割を果たしていくために体制整備と計画策定が求められたということである。

それらをふまえて、改めて第107条の改正点のポイントは、3点あるといえる（表1-5）。

表1-5　社会福祉法の改正（第107条）

> （市町村地域福祉計画）
> 第107条　市町村は、地域福祉の推進に関する事項として次に掲げる事項を一体的に定める計画（以下「市町村地域福祉計画」という。）を策定するよう努めるものとする。
> 一　地域における高齢者の福祉、障害者の福祉、児童の福祉その他の福祉に関し、共通して取り組むべき事項
> 二　地域における福祉サービスの適切な利用の推進に関する事項
> 三　地域における社会福祉を目的とする事業の健全な発達に関する事項
> 四　地域福祉に関する活動への住民の参加の促進に関する事項
> 五　前条第一項各号に掲げる事業を実施する場合には、同項各号に掲げる事業に関する事項
> 2　市町村は、市町村地域福祉計画を策定し、又は変更しようとするときは、あらかじめ、地域住民等の意見を反映させるよう努めるとともに、その内容を公表するよう努めるものとする。
> 3　市町村は、定期的に、その策定した市町村地域福祉計画について、調査、分析及び評価を行うよう努めるとともに、必要があると認めるときは、当該市町村地域福祉計画を変更するものとする。

　1つ目は、先述したように努力義務規定になったということ。

　2つ目は、地域福祉計画が分野別計画の上位計画として位置づけられたこと。法律では「地域における高齢者の福祉、障害者の福祉、児童の福祉その他の福祉に関し、共通して取り組むべき事項」が加わった。

　3つ目は、地域福祉計画の進行管理（PDCA）が明確化されたこと。法律では「定期的に、その策定した市町村地域福祉計画について、調査、分析及び評価を行うよう努める」とされたことである。

　地域福祉計画をそのほかの分野別計画と横並びではなく、上位計画、あるいは基盤計画として位置づけるというものである。総合計画―地域福祉計画―分野別計画―個別支援計画（ケアプランなど）が体系的かつ整合性をもって策定されることが必要である。

● 共通して取り組むべき事項

　今日、市町村には福祉や保健に関する計画が複数ある。例えば介護保険事業計画や高齢者福祉計画、障害福祉計画・障害児福祉計画や障害者計画、子ども子育て支援計画や保育計画、健康づくり計画や食育推進計画などで、これは、地方分権化にともない計画行政が進んできたことによる。ところがそれぞれの計画を所管している部署がバラバラで、同じ市町村内のことにもかかわらず内容的にも整合性がとれていないことが多い。こうした分野別計画に横串をさそうというのが、今回の最終とりまとめで提案されている「共通して取り組むべき事項」である。

検討会では次のような点があげられた。
- 福祉以外の様々な分野（まちおこし、産業、農林水産、土木、防犯・防災、社会教育、環境、交通、都市計画等）との連携に関する事項
- 制度の狭間の問題への対応のあり方
- 共生型サービスなどの分野横断的な福祉サービスの展開
- 居住に課題を抱える者・世帯への横断的な支援のあり方
- 市民後見人の養成や活動支援、判断能力に不安がある人への金銭管理、身元保証人など、権利擁護のあり方
- 高齢者、障害者、児童に対する統一的な虐待への対応や、家庭内で虐待を行った介護者・養育者が抱えている課題にも着目した支援のあり方
- 各福祉分野・福祉以外の分野の圏域の考え方・関係の整理
- 地域づくりに資する複数の事業を一体的に実施していくための補助事業等を有効に活用した連携体制
- 役所内の全庁的な体制整備や地域福祉行政が可能となる組織再編成

　上記のような課題については、それらを包含する諸計画が各法律には位置づけられている。例えば成年後見制度利用促進法に規定される市町村計画、住宅セーフティネット法による供給促進計画、自殺対策基本法による地域自殺対策計画、再犯の防止等の推進に関する法律による地方再犯防止推進計画、子どもの貧困対策の推進に関する法律による子どもの貧困対策計画等である。こうした計画の内容は地域生活課題の解決をふくむ地域福祉の推進と類似したものであり、地域福祉計画との整合性が求められる。しかしながら、行政内のどこの部署が担当するかで連携の仕方は大きく異なってくるし、今の段階では地域福祉計画と一体的に計画化が検討されているとはいえない。

　それをしていくためには、狭義の地域福祉計画の担当部局のみならず、計画策定を通して、部局を超えた協働の仕組みができるような体制をとることが求められる。具体的には、他の福祉に関する計画との調和を図る方法として、計画理念や方向性を一致させたり、策定委員会の構成員の工夫、計画期間の調整、各事業内容の整合性を図ったり、協働による推進体制をつくるなどの方法が考えられる。

　つまり、上位あるいは基盤計画としての地域福祉計画の策定にあたっては、こうしたことを多面的に協議できるようなプラットフォームを用意しておく必要がある。社会福祉法第1条には「地域における社会福祉（以下、地域福祉という）」とされている。すなわち市町村における社会福祉の総称が地域福祉であるとするならば、各分野を含めた多くの関係者が地域福祉計画の策定にかかわることが望ましく、その空間がまさに地域福祉推進のプラットフォームとなる。「私は〇〇分野の専門なので、地域福祉は関係ない」という福祉関係者がいたとしたら、

その人の地域福祉像が旧態依然とした「その他、地域福祉」と言われた時代のままなのである。今日、地域福祉に関係ない福祉関係者はいないのである。

第7節 改正地域福祉計画にかかわる「参加」について

● 住民参加への訴え

さて、このように改正された地域福祉計画に対しての「参加」はどのように考えられるのか。

社会福祉法によって地域福祉計画が法定化され、2003年4月から施行されるのに先立ち、2002年1月に「市町村地域福祉計画及び都道府県地域福祉支援計画策定指針の在り方について（一人ひとりの地域住民への訴え）」が、社会保障審議会福祉部会から公表された。はじめて行政計画として策定される地域福祉計画にとって、「住民参加」がいかに必要であるかを説明しているが、そこには次のような記述がある。「一人ひとりの地域住民に対して、社会福祉を限られた社会的弱者に対するサービスとしてではなく、身近な日々の暮らしの場である地域社会での多様な人々の多様な生活課題に地域全体で取り組む仕組みとしてとらえなおし、地域住民としてこれらの多様な生活課題に目を向け自発的、積極的に取り組んでいただけるよう訴えたい。また、社会福祉を消極的に単なる特定の人に対する公費の投入と考えるのではなく、むしろ福祉活動を通じて地域を活性化させるものとして積極的な視点でとらえていただけるよう強く訴えたい」と。

この内容は、社会福祉基礎構造改革における、地域福祉の推進に関する提言をふまえ、従来の社会福祉からの脱却を意図し、それゆえに地域福祉という思想、価値をそれぞれの地域で具現化していこうとする理念を、地域福祉計画の策定過程を通して形づくることを「訴えて」いるのである。

● 住民参加の到達度

とはいえ、策定主体になる行政側からすれば、どう策定すればいいのか具体的なマニュアルを示せということになる。そこで「市町村地域福祉計画及び都道府県地域福祉支援計画策定指針の在り方について」（2002年）が示される。ここではゴールドプランなどで策定してきた高齢者保健福祉計画などでニーズ推計をしてきた手法とは異なる「住民参加」が強調された。

また指針では、こうした趣旨から「外部のコンサルタント会社に策定を請け負わせるような

ことがあってはならないことは当然である」と明記された。にもかかわらず、住民参加による計画策定の経験がないことや担当できる職員がいないことを理由に、自治体によってはコンサルタント業者に策定業務を委託してきたところもある。また、そのための予算が捻出できないからという理由で、結果として計画策定を拒んできたところもある。いずれにしても、なぜ地域福祉計画が必要で、その策定過程に住民参加が求められているのかの共通理解が不十分であったといえる。もしくは従来の行政手法からすれば、住民参加を求めること自体に反対の立場もあったのかもしれない。

　今回、地域共生社会を実現していくという視点から、改正地域福祉計画のあり方をとらえたときに、この「住民参加」の趣旨については、2002年の指針で求められた内容と変わっていないといえる。むしろ15年前に求められた内容が、どこまで地域福祉計画の進行管理によって実現されてきたのか。その到達度を測るベンチマーク的な指標としても、この指針は参考になる。その意味では、地域福祉計画に携わる人たちは、この指針に立ち戻る意味がある。

◉「地域住民等」の理解

　その際には、改めて「地域住民等」の理解をしておかなければならない。再び社会福祉法第4条である。その規定には、「地域住民、社会福祉を目的とする事業を経営する者及び社会福祉に関する活動を行う者（以下「地域住民等」という）」とある。つまり三者を総称して「地域住民等」としている。「社会福祉を目的とする事業を経営する者、社会福祉に関する活動を行う者には、社会福祉法人をはじめとする事業者や民生委員・児童委員や市民活動などをしている人たちも包含されている。かつ冒頭にある地域住民については、条文中に「福祉サービスを必要とする地域住民が地域社会を構成する一員として日常生活を営み」とあるように、福祉サービスを必要とする人も含んでの地域住民であるという点が重要である。ここに社会的包摂（ソーシャル・インクルージョン）の理念が反映されているのである。

　「住民参加」といったときに、きちんとそのなかに福祉サービスを必要とする地域住民や当事者が含まれていることが前提である。また「必要とする」という定義は、サービスの利用者だけではなく、サービスの契約に至らない、あるいは申請がない状態であっても「必要とする」という人たちも含めての広い概念であり、潜在的なニーズのある人たちも含めて、同じ地域社会を構成する一員として「地域住民」なのである。これは「市民」とも違う概念であり、筆者は「地域住民」という概念を大事にしたいと考えてきた。それに加えて「等」がついた場合、地域福祉の推進のステークホルダーが広がっていることに留意しなければならない。とりわけ社会福祉法人が地域福祉の推進に果たす役割は今後大きくなるであろう。

◎「専門職参加」と「住民参加」

それに加えて、包括的支援体制を構築していくための改正地域福祉計画では、「住民参加」だけの策定では不十分である。先述したようなシステムを構築していくためには、少なくても「住民参加」に加えて、「専門職参加」と「職員参加」が必要になる。

「専門職参加」では、社会福祉法第106条の3をふまえ、各分野の相談支援事業者が地域生活課題の把握と連携、解決に向けて、自治体ごとにどのような支援体制をつくるかを協議していかなければならない。例えば、コミュニティソーシャルワークが展開できるシステム構築などは、専門職が中心となって議論をしていかなければならない。そこでは地域共生サービス等の開発や、分野別の弊害である縦割りをなくし、制度の狭間といわれる問題にどう対応していくかといった専門職による社会資源開発を含めた検討が大事になる。

また、ここでいう専門職は、福祉保健の分野だけではなく、医療、司法や教育といった地域生活課題に応えていくすべての専門職が範囲となる。また寺院や教会といった宗教関係者の参加も今後はテーマになってくる。

「職員参加」とは、地域福祉担当の職員だけではなく、各分野別の計画担当者、また保健福祉分野だけではなく、住宅や教育、市民生活や生活困窮者支援等にかかわるすべての部署から職員が参加して行政連携をつくらなければならない。地域福祉計画策定における「共通して取り組むべき事項」は、多岐の分野にわたる。

また、市町村の行政職員だけではなく、都道府県の職員も含めた広域連携の課題もあろう。ハローワークや警察署、商工会関係者、農漁業関係者なども含めて地域づくりが検討されていくとした場合、その範囲は広がっていく。

大事なことは、地域福祉計画を策定するという過程を通して、地域福祉を推進するプラットフォームを構築していくことである。そのための「参加」である。かつ、ただ参加して終わるのではなく、構築されたプラットフォームによって、計画推進に向けて新しい支援や社会資源開発などが活性化できるように協働していかなければならない。すなわち協働をつくるための参加である。

第8節 圏域の設定と「地域福祉行動計画」の必要性

◎圏域の設定

改正地域福祉計画の策定にあたっては、先述したように「圏域」の設定が極めて重要にな

る。地域を重層的にとらえて、構造的に地域福祉のシステムをつくるという構想である。介護保険では、地域包括ケアシステムを構想するにあたって「日常生活圏域」を設定した。おおむね30分以内で駆けつけられる範囲で、中学校区程度とされた。人口にすると2万人〜3万人程度と説明されてきた。

私たちはこれまで、校区とか学区という概念を使ってきた。これは地方教育行政の組織及び運営に関する法律にもとづき、教育委員会が当該学校に通学する居住地を指定した通学区域のことである。しかし2002年には法改正によって規定が廃止され、それぞれの教育委員会の判断とされている。自治体によっては学校選択制を導入し、通学区域をなくしたところもある。また最近では学校の統廃合が進み、全国的に統一したものではなくなってきたが、それでも中学校区、小学校区というイメージは残っている。

そのうえで、介護予防や地域での支え合いをする単位としては、中学校区では広すぎるという意見も聞かれる。より身近な小学校区単位、あるいは自治会や町内会単位がよいという意見もある。

図1-5　重層的な圏域設定のイメージ

出典：厚生労働省「これからの地域福祉のあり方に関する研究会報告書」（2008年）

2008年、「これからの地域福祉のあり方に関する研究会」は、こうした地域を重層的にとらえる提案をした。1層、2層、3層…と自治体の圏域を重層化し、それぞれの層ごとに役割や機能を定めていくという発想である。

　この、地域を重層的にとらえる、というシステムは有効である。例えば、市全体を1層、中学校区を2層、小学校区を3層、自治会・町内会を4層としたとき、先ほどの日常生活圏域（2層）には地域包括支援センターが設置されている。ここは専門職のチームアプローチが可能なサービス提供拠点である。ところが住民からすれば、ふだんの生活では中学校単位で活動をすることがない。小学校区単位には、自治会の連合会などがある。よって地域ケア会議やサロンなどは、この3層を中心に開催している。ところが災害時の要援護者の対応や日常の見守り、生活支援などは、もっと身近な4層の方がよい場合もある。このような議論を重ねることで、それぞれの自治体にあった圏域を重層的に設定し、それぞれの層の課題をふまえて支援や活動のプログラムを構造化していくのである。

　そのうえで、包括的支援体制として「身近な圏域」をどう設定するか、行政が一方的に決定するのではなく、さまざまな角度から関係者が議論して、圏域を決定していくことが重要である。なぜならば、そこでの活動は住民が中心になるからである。

●「地域福祉行動計画」の必要性

　ただし繰り返しであるが、このことは住民に丸投げすることではない。住民との協働の仕組みをどうつくるかがポイントである。その際に有効な手段になるのが「地域福祉行動計画」である。すでに地区社会福祉協議会やコミュニティ運営協議会の福祉部会といった組織がある場合は、その組織が策定主体になって計画をつくるのである。多くの組織の場合、単年度の事業計画にもとづいて予算・決算はしているが、それだけであると「前年度踏襲」に陥りやすい。いわゆるマンネリ化である。地域福祉行動計画は5年間程度の期間であることが多い。5年後の地域づくりに向けての課題と解決策、そして目標を定める。このことによって地域福祉活動のPDCAのサイクルを組み込んでいくのである。

　とはいえ、市町村の地域福祉計画のような精緻なものである必要はない。それぞれの地域の強みや課題を整理して、5年後の目標を設定し、それに向けて具体的に何をしていくのかを話し合い、かつ5年間の進行管理の仕組みを決めておく。計画書自体は数頁でよい。あまり過度な負担をかけず、でも自分たちの地域の課題を共有し、その解決に向けて智恵を出し合っていく過程が重要である。

　この計画化のプロセスはコミュニティワークそのものである。よって目新しい手法ではないといえる。ただし最近ではコミュニティデザインとか、小規模多機能自治といった住民の参加・協働によるダイナミックスな展開がなされている。従前のコミュニティワークと比較し

て、プロセスの見せ方や対話の楽しさ、議論の仕方の工夫など住民が参加しやすくかつ深められる仕掛けがある。何よりもコミュニティワークを住民自身の力にして展開していることである。

第9節 地域福祉計画の策定過程と地域住民の「学び」

◯ コミュニティワークの技法の開放

　コミュニティワークの技法を、ソーシャルワーカーが専門技術として抱え込むのではなく、むしろ地域住民に開放して、より多くの住民がコミュニティワークを力にしていくことが必要であると筆者は考えてきた。コミュニティワークの基礎的な技法は、地域福祉活動やNPOや社会教育活動をしているリーダーたちは十分活用できるものであり、むしろそうした技法を身につけていくことで、住民主体の活動が活性化していくことも期待できる。

　それはコミュニティワークの専門性を否定するのではなく、むしろコミュニティワークの主体を地域住民に転換していくことで、ソーシャルワーカーはさらに高い次元での支援が必要になる。

　例えば、コミュニティワークでは地域の現状を把握するために、調査が大事である。専門職がさまざまな調査を行い、分析して結果を出し、その結果をもとに計画策定をしていくことは基本的なプロセスである。介護保険事業計画や障害福祉計画の基本的な策定手順は、この調査が基本になる。ただしその場合、地域住民は調査対象になる。

　地域福祉計画、あるいは先述した地域福祉行動計画を策定していくときに、住民自身が調査主体になる「住民参加型調査」を取り入れることがある。調査計画の段階から住民と専門職が一緒になって企画していく。目的やねらい、調査票の作成まで一緒になって作り上げていく。自分たちで趣旨文を作り、自治会等で説明を行い、個別に全戸配布して、また回収を行う。さらには集計を行い、その結果について分析、解釈まで話し合い、自らの地域の現状について把握をしていく。この場合、地域住民自身は調査主体でもあり、対象者でもある。しかし専門職や業者が実施した調査と圧倒的に異なるのは、調査結果によって明らかになった課題や住民のニーズに対して、その解決に向けて行動を起こすようになることである。つまり地域づくりへのモチベーションを高める機会になる。

　また筆者が開発した「まちづくりの4つの窓」も各地で用いられている。これは地域住民と協働するワークショップのアクティビティである。ファシリテーターからの4つの質問につい

第1章　地域共生社会の理念とパラダイム　29

図 1-6　まちづくりの 4 つの窓

①私たちのまちの 　いいところ 　（地域の強み）	③こんなまちで 　あったらいいな 　（理念や目標）
②まちのなかで 　困っていること 　（地域の生活課題）	④私たちに 　できること 　（行動目標や提案）

てカードワーク法を用いて答えていく。①私たちのまちのいいところ（地域の強み）、②まちのなかで困っていること（地域の生活課題）、③こんなまちであったらいいな（理念や目標）、④私たちにできること（行動目標や提案）。これらを約 90 分のプログラムとして実施することで、地域福祉行動計画の基本型を議論できるようになる。

　そのときに筆者が最もこだわったのは、こうした一連の地域福祉計画の策定に参加する住民にとって、策定過程そのものが学びであるということである。従来のように地域住民は調査対象、もしくはニーズ把握のための参加から、計画の策定主体としての参加になるということは、そこに大きな変化がある。対象から主体へ転換するためには、いろいろな学びが必要になる。気づきを促し、課題を共有し、課題解決に向けて合意形成を行い、施策の優先順位について判断を行い、その結果、施策化された事業等について責任をもって遂行していく。まさに地域福祉の推進主体としての形成過程である。

　その過程のなかの学びを意識化させていくためには、リフレクションが不可欠である。力のあるソーシャルワーカーは、計画策定の過程のなかで委員の一人ひとりに気を配り、その過程のなかで個人の発言を引き出し、選択や判断に必要な情報を提供し、必要があれば講演会やシンポジウムなどを織り交ぜていく。それぞれの作業の節目にはふりかえりの機会をつくり出す。結果として、策定にかかわった地域住民は「地域福祉の必要性を痛感した」といった感想を持つに至る。

　ちなみに全国社会福祉協議会・ボランティア市民活動振興センターでは、こうした計画策定などの活動を通した学びのことを「福祉教育機能」と整理し、意図的な「福祉教育事業」とは区別するようになった。福祉教育のために地域福祉計画の策定があるわけではない。しかし、計画策定を通したその過程が、担当者の働きかけ次第では福祉教育の機会になるということである。地域福祉計画を策定する過程は、地域住民の主体形成の過程になるととらえた取り組みである。

共生社会に必要な福祉教育

　ケアリングコミュニティの実現には、他人事の福祉を「我が事」にしていくことが大切になる。このことは新しい知見ではない。福祉教育は「共に生きる力」を育むことを目的にしてきた。

　1990年、在宅福祉の基盤整備をするために、社会福祉事業法をはじめとする八法改正が行われた。在宅福祉を進めるために地方分権化を促進し、公的制度と住民活動の推進を両輪にすべく、法律にもとづいて1993年に「国民の社会福祉に関する活動への参加の促進を図るための措置に関する基本的な指針」を厚生大臣が示した。この指針では、福祉教育・学習、ボランティア活動の基盤整備、住民参加型福祉サービス（コミュニティサービス）の活性化などが述べられ、それにもとづく事業が活発に行われた。

　しかしながら、この指針はそれ以降、一度も見直しもされずに20年を経過している。時代的にもそぐわない部分もあり、今日的な内容に修正し、かつ福祉教育やボランティア活動などの振興方策を示し、具現化していくことが不可欠である。

　とりわけ福祉教育の推進にあたっては、社会福祉協議会だけではなく、すべての学校、社会教育施設、そして社会福祉法人やNPO法人が積極的に「協同実践」をしていく体制をつくる必要がある。各自治体ごとに福祉教育推進のプラットフォームをつくり、計画的に推進していく必要がある。障害者差別を解消していくために合理的配慮は不可欠であるが、そこに「学び」がなければ意識は変わらない。

　ただし従来の福祉教育では、障害者や高齢者の理解を図ろうとするとき、それは対象者としての位置づけであった。その時点で、学習者にとって、彼らは学習の対象にされてきた。同じ人間であると断ったところで、それは私と他者という関係ではなく、健常者と障害者という二項対立した枠組みでしかなかった。ところが「私」という主体を学習のなかに積極的に位置づけることで、その関係性は変化してくる。社会福祉の主体を自分自身にすること、すなわち学習者自らが当事者になることで福祉教育の内実が変わっていく。

第10節 地域共生社会の実現に向けたソーシャルワーク

地域共生社会の実現に必要なソーシャルワークの機能

　地域力強化検討会の「中間とりまとめ」「最終とりまとめ」のなかでは、ソーシャルワーク、

もしくはソーシャルワーカーという用語が多用された。従来の厚生労働省の公的な報告書で、ソーシャルワークがこれほどまでに重視されたものはないと評価された。

しかしそれはイコール社会福祉士ではないという意見もあった。ソーシャルワークの機能を発揮できる人であれば、資格は問わないということである。重要なことは地域共生社会を実現していくためにはソーシャルワークが必要である、という一点である。

その際にソーシャルワークの機能を明確にしておかなければならない。そこで整理されたものが、①制度横断的な知識を有し、②アセスメントの力、③支援計画の立案・評価、④関係者の連携・調整、⑤社会資源開発ができるような包括的な相談支援を担える人材である。

制度横断的な知識とは、福祉分野の諸制度だけではなく、広く生活を営むうえで必要な制度等の知識のことをいう。アセスメントの力とは、先述したように「地域生活課題」のアセスメントができること。つまりICFの視点や社会モデルによるコミュニティアセスメントが大切である。そのためにはアウトリーチが不可欠でもある。それにもとづき、支援計画を立て、モニタリングをして本人に寄り添った支援をしていく。そのためには、多職種連携、多業種連携、地域連携などが求められる。そのときのコーディネートは極めて重要であり、ファシリテートスキルも含めて技術として身につけておかなければならない。さらには必要に応じてプログラムやネットワークを創出したり、サービスや制度を開発したり、地域福祉計画などの策定にまでかかわっていくことができる能力がソーシャルワーカーには求められる。

このことを本気で実行できる人材を養成しようとしたら、今の社会福祉士の養成カリキュラムを抜本的に改革していく必要がある。

◯ 5つの方向性

地域共生社会を構築していくということは、これからの新しい時代の地域福祉を構想していくことにつながる。「最終とりまとめ」では、新たなステージへとして、5つの方向性を示した。

地域共生社会を実現していくということは、①地域共生を文化として定着させていく挑戦であること。②従来の申請主義に代表されるような「待ち」の姿勢から、「予防」の視点にもとづくアウトリーチによる早期発見、早期支援へ転換しいくこと。さらには③専門職による多職種連携と地域住民等との協働による地域連携を両輪ですすめていくこと。④ケアリングコミュニティという「支え手」「受け手」が固定されない、多様な参加の場、働く場の創造していくこと。⑤そして現状では「点」としての取り組みを大切にしつつ、有機的に連携・協働する「面」としての取り組みへ広げていくこと、を目指している。

そのときの要になることを期待されているのがソーシャルワークの機能であり、ソーシャルワーカーである。

参考文献

大橋謙策編著（2014）『ケアとコミュニティ』ミネルヴァ書房.

大橋謙策・原田正樹（2001）『地域福祉計画と地域福祉実践』万葉社.

全国社会福祉協議会（2005）『「協働」による福祉のまちづくり推進のための人材養成のあり方研修プログラム』

武川正吾（2005）『地域福祉計画』有斐閣.

土橋善蔵・鎌田實・大橋謙策（2003）『福祉 21 ビーナスプランの挑戦』中央法規出版.

原田正樹「ケアリングコミュニティの構築をめざして」『月刊自治研』2017 年 9 月号，16-22.

原田正樹（2005）「コミュニティワークを地域住民の力へ――コミュニティワークの発展とこれからの戦略」『地域福祉研究』第 33 巻，32-41.

原田正樹「地域共生社会の実現にむけて」『月刊福祉』2017 年 2 月号，42-47.

原田正樹（2008）「地域福祉計画の策定とローカル・ガバナンス――地域住民の参加と協働から――」『地域福祉研究』第 36 巻，16-27.

原田正樹（2014）『地域福祉の基盤づくり――推進主体の形成――』中央法規出版.

牧里毎治・野口定久編著（2007）『協働と参加の地域福祉計画』ミネルヴァ書房.

第 2 章
地域共生社会の実現に向けたソーシャルワークの実践方法

第1節 地域共生社会の実現に向けて求められるソーシャルワークの機能

地域共生社会の実現に資する体制構築を促進するソーシャルワークの機能

　第1章で述べられているように、地域力強化検討会の「最終とりまとめ」(2017)においては、制度横断的な知識、アセスメント力、支援計画の策定・評価、関係者の連携・調整、資源開発といったソーシャルワークの5つの機能が必要だとされている。

　また、社会保障審議会福祉部会福祉人材確保専門委員会においては、地域共生社会の実現に資する体制には、包括的な相談支援体制と住民主体の地域課題解決体制があり、それぞれの体制構築を促進するために、23のソーシャルワークの機能を発揮することが必要だとされている（図2-1）。包括的な相談支援体制とは、「すべての人が安心・安全にその人らしい自立した日常生活を継続することができるよう、福祉課題やニーズを発見した者又は相談を受けた者並びに所属する社会福祉法人等の事業者が、福祉のみならず、医療、介護、保健、雇用・就労、住まい、司法、商業、工業、農林水産業、防犯・防災、環境、教育、まちおこし、多文化共生など、多様な分野や業種の公私の社会資源並びに住民主体の地域課題解決体制と連動し、福祉課題の解決やニーズの充足に必要な支援を包括的に提供すると共に、制度の狭間の問題や表出されていないニーズを把握し、必要に応じて社会資源やサービスを開発する体制といえるのではないか」（厚生労働省 2017）とされている。ここでは、①多職種・多機関連携、②専門職と地域住民等との協働、③包括的支援、④ニーズ発見、⑤総合相談、⑥援助対象の拡大、⑦社会資源の開発がキーワードであろう。また、住民主体の地域課題解決体制とは、「住民一人ひとりが、地域福祉を推進する主体及び地域社会の構成員であるという当事者意識を持ち、自身の身近な圏域に存在する多種多様な福祉課題や表出されていないニーズに気づき、他人事を我が事として捉え、地域課題の解決に向けてそれぞれの経験や特性等を踏まえて役割を分かち合う体制といえるのではないか」（厚生労働省 2017）とされている。このキーワードは、①共生文化の定着、②ニーズ発見、③地域住民による協働だといえる。

ソーシャルワークの機能を果たす社会福祉士

　このような地域共生社会の実現に向けた体制構築において必要だと考えられている23のソーシャルワークの機能を、社会福祉士が果たしていることを実証するとともに、その機能を果たすために必要な価値、知識、技術、組織要因等を明らかにすることを目的に実施された『地域共生社会の実現に資する体制構築を推進するソーシャルワークのあり方に関する実証的

図 2-1　今後、ますます求められるソーシャルワークの機能

● ソーシャルワークには様々な機能があり、地域共生社会の実現に資する「包括的な相談支援体制の構築」や「住民が主体的に地域課題を把握して解決を試みる体制づくり」を推進するにあたっては、こうした機能の発揮がますます期待される。

地域共生社会の実現

制度が対象としない生活課題への対応や複合的な課題を抱える世帯への対応等、多様化・複雑化するニーズへの対応や、全ての地域住民が地域、暮らし、生きがいを共に創り、高め合うことができる社会

地域共生社会の実現に必要な体制の構築

| 包括的な相談支援体制の構築 | 住民主体の地域課題解決体制 |

ソーシャルワークの機能を発揮することによる体制づくりの推進

● 支援が必要な個人や家族の発見 ● 地域全体の課題の発見 ● 相談者の社会的・心理的・身体的・経済的・文化的側面のアセスメント ● 個人と世帯全体を取り巻く集団や地域のアセスメント ● 問題解決やニーズの充足、社会資源につなぐための仲介・調整 ● 個人への支援を中心とした分野横断的な支援体制・地域づくり ● 新たな社会資源の開発や施策の改善に向けた提案 ● 地域アセスメント及び評価 ● 地域全体の課題を解決するための業種横断的な社会資源との関係形成・地域づくり ● 情報や意識の共有化 ● 団体や組織等の組織化並びに機能や役割等の調整 ● 相談者の権利擁護や意思の尊重にかかる支援方法等の整備 ● 人材の育成に向けた意識の醸成	● 地域社会の一員であるということの意識化と実践化 ● 地域特性、社会資源、地域住民の意識等の把握 ● 福祉課題に対する関心や問題意識の醸成、理解促進、課題の普遍化 ● 地域住民のエンパワメント ● 住民主体の地域課題の解決体制の構築・運営にかかる助言・支援 ● 担い手としての意識の醸成と機会の創出 ● 住民主体の地域課題の解決体制を構成する地域住民と団体等との連絡・調整 ● 地域住民と社会資源との関係形成 ● 新たな社会資源を開発するための提案 ● 包括的な相談支援体制と住民主体の地域課題解決体制との関係性や役割等に関する理解促進

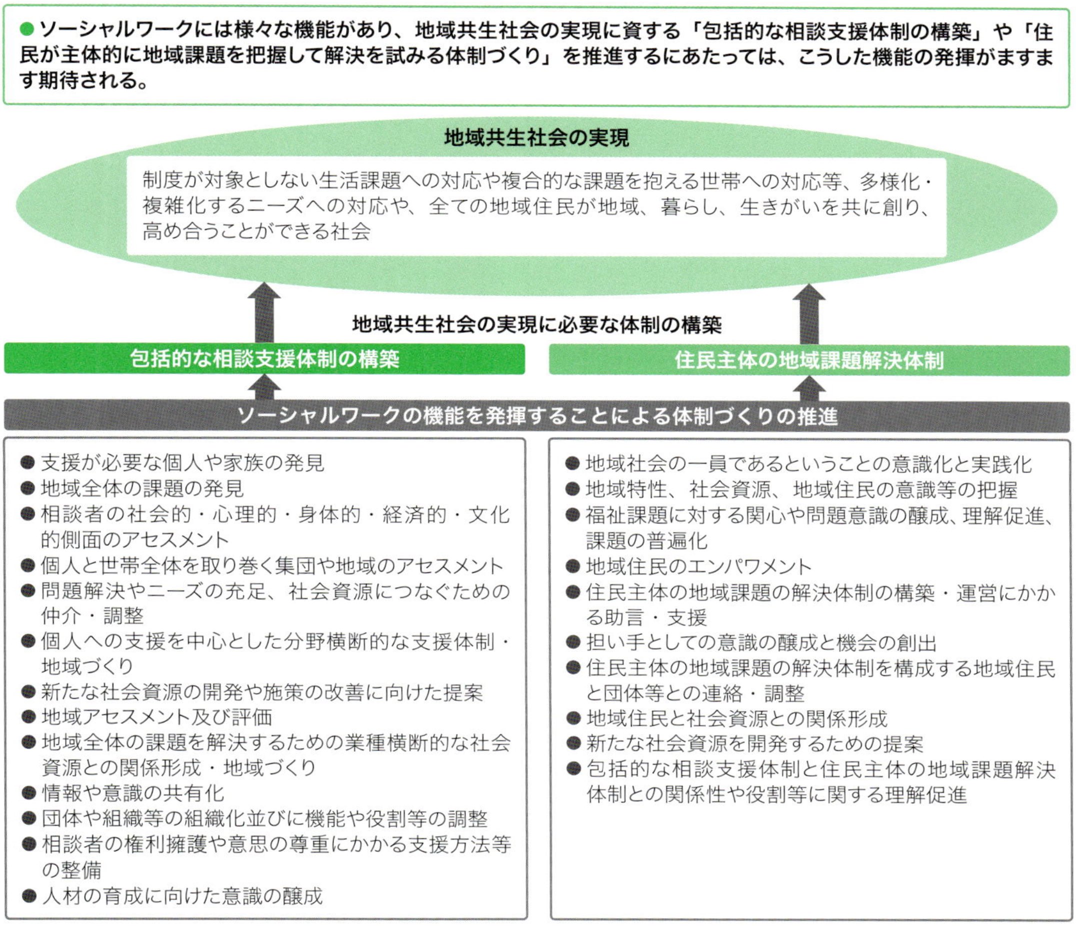

出典：厚生労働省資料

調査研究』（平成29年度社会福祉推進事業）によると、社会福祉士がソーシャルワーク実践の現場において、23のソーシャルワークの機能を発揮していることが明らかにされている。そして、社会福祉士の実践が所属組織はもとより、地域における支援体制の変化（「分野や専門を越えて専門職が連携しようとするようになった」など）や地域住民の意識・行動の変化（「地域で支援が必要な人に気づくようになった」など）等を生じさせていることが、社会福祉士と連携や協働した専門職や地域住民によって認識されている。

しかしながら一方で、社会保障審議会福祉人材確保専門委員会にて「ソーシャルワークの機能については、社会福祉士に集約するだけではなく、他の専門職種や専門職以外の住民にも分散していくことも重要ではないか」といった意見が出されているように、すべての機能を専門職であるソーシャルワーカーだけが果たさなければならないわけではない。むしろ、地域住民や専門職等の主体的な活動を促進するためにも、ソーシャルワーカーに限らず、さまざまな

人びとがそれぞれのストレングスを活かしソーシャルワークの機能を発揮することが期待される。

だが同時に、「相談者の権利擁護や意思の尊重にかかる支援方法等の整備」のように、ソーシャルワークの機能にはソーシャルワーカー以外の人びとが果たすことが難しいと考えられる機能がある。また、ソーシャルワークの機能が部分的に発揮されたからといって、地域共生社会の実現に向けた体制づくりが促進されるわけではない。地域力強化検討会の「最終とりまとめ」において、これまで実施されてきたさまざまな取り組みである「点」を有機的につなげて、「面」として実施することが必要になると指摘されているように、あらゆるソーシャルワークの機能が連動し合いながら総体として機能して初めて、地域共生社会に向けて地域が変化していくといえよう。このような変化を引き起こす仕掛け人が、専門職であるソーシャルワーカーだといえよう。

コラム　ソーシャルワーカーのコンピテンシー

アメリカにおいてソーシャルワーカー養成機関を認定するCouncil on Social Work Education（CSWE）は、教育方針と認定基準（Educational Policy and Accreditation Standards：EPAS）を定めている。このEPASは次の9つのコンピテンシーをもとに作成されている。「ソーシャルワークのコンピテンシーとは、人と地域社会のウェル・ビーイングの増進のために、目的を持ち、意図的に、専門的態度で、ソーシャルワークの知識、価値観、技術を統合して実践に活用する能力である」（CSWE 2015：6）としている。

コンピテンシー1	専門職として倫理的行動をとる
コンピテンシー2	多様性と差異に配慮した実践を行う
コンピテンシー3	人権と社会的、経済的、環境的正義を推進する
コンピテンシー4	研究にもとづいた実践と実践にもとづいた研究に従事する
コンピテンシー5	政策に関する実践を行う
コンピテンシー6	個人、家族、グループ、組織、地域社会と関係を構築する
コンピテンシー7	個人、家族、グループ、組織、地域社会をアセスメントする
コンピテンシー8	個人、家族、グループ、組織、地域社会に介入する
コンピテンシー9	個人、家族、グループ、組織、地域社会との実践を評価する

どの社会福祉士であっても、地域共生社会の実現に向けたソーシャルワークを実践できるだけの専門性を有するには、その実践に必要なソーシャルワークの価値観、知識、技術を定性的かつ定量的に把握したうえで、このようなコンピテンシーを明らかにし、社会福祉士の養成カリキュラムを構築する必要があるといえよう。

第2節 地域共生社会の実現に向けたソーシャルワーク実践

　地域共生社会の実現に向けた活動については、「地域共生社会の実現に向けた評価指標」（厚生労働省）が作成されるなど、包括的な相談支援体制を構築するうえで必要だと考えられる取り組みが提示されているが、それらをふまえながらも、地域共生社会の実現に向けたソーシャルワークに焦点化して述べる。

ジェネラリスト・ソーシャルワークの理解

　ソーシャルワーカーが地域共生社会の実現に資する体制構築を推進していくには、ソーシャルワークの価値観、知識、技術を統合して活用し、ミクロレベル、メゾレベル、マクロレベルの総体としてのソーシャルワークを実践することが必要だといえる。つまり、「現代におけるソーシャルワークを構成する知識、技術、価値を一体的、体系的に構造化し、現代社会の生活問題に対応することが可能な特質や新しい福祉思想等の考え方を包含した体系」（山辺 2014：226）である、ジェネラリスト・ソーシャルワークを実践する必要があるわけだ。ここでは、日本のソーシャルワーカーが特に意識すべきだと考えられる要素が明確に提示されている、Kirst-Ashman ら（2012）による**図 2-2** をもとに簡単に確認しておきたい。

図 2-2　ジェネラリスト・ソーシャルワーク実践の定義

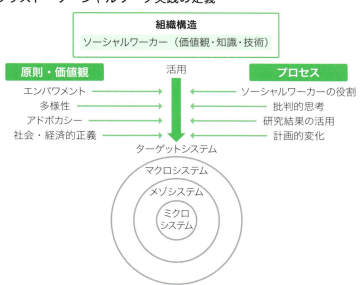

出典：Kirst-Ashman, K. K. & Hull, G. H.（2012）Understanding Generalist Practice（6th ed.）

ソーシャルワーカーはエンパワメント、多様性、アドボカシー、社会・経済的正義といった原則・価値観を実践の判断指針として、ソーシャルワークの知識や技術を活用し、ターゲットシステムが計画的に変化するように交互作用をふまえ介入する。そのプロセスにおいて、批判的思考と研究結果を活用しながら、多様なソーシャルワーカーの役割を果たしていく。なかでも、社会変動を背景として生活問題の多様化や潜在化等がみられている現代においては、批判的思考が不可欠だといえる。批判的に思考するためには、ソーシャルワーカー自身が固定観念等から解放され、個人、家族、地域に対する多様性を理解した見方や社会福祉関連法制度等を絶対的なものだととらえない、生活に根ざした自由な発想が必要だといえよう。また、ソーシャルワーク実践においては所属組織の機能を最大限活用することが重要であり、それができるように所属組織の環境を整備することも忘れてはならない。

ソーシャルワーカーの役割

　ソーシャルワーカーの役割とは、専門職として期待される行動のパターンだといえる。これまでさまざまな役割が提示されているが、それらを網羅していると考えられるKirst-Ashmanら（2012）とDuBoisら（2017）によって整理されている役割をもとに、地域共生社会の実現に向けて求められるソーシャルワークの機能をふまえソーシャルワーカーの役割をまとめ直したのが**表2-1**である。通常それぞれの役割を果たす基盤となるアセスメントやリンケージなどは役割として示されていないが、「地域力強化検討会」においても包括的アセスメントや関係者の連携・調整の重要性が指摘されていることから、アセスメントとつなぎ役を加えた。また、本書掲載事例でよくみられたため、コンサルタントも加えている。

　ソーシャルワークの機能と役割は対の概念であり、ソーシャルワークの機能がソーシャルワーカーの役割として具体化される（狭間2016）。前述の地域共生社会に資する体制構築を促進するための23のソーシャルワークの機能を果たすソーシャルワーカーの役割を明確にするために、それぞれの機能を具体化していると考えられる前述の役割を整理したのが**表2-2**である。

　このように、ソーシャルワーカーは、ある目的を達成するために、目標を設定し、それに向けてどのような機能を、どのような役割で果たしていくのかを考えていくことが必要になる。地域共生社会に向けたソーシャルワーク実践においては、地域生活課題を抱えている個人や家族、多様な専門職、地域住民等との協働や支援において、どのような立ち位置でどのような役割を果たしていくのかの判断が特に重要になる。それぞれの役割は、活動総体におけるソーシャルワーカーの立ち位置も示唆してくれるため、それを参考にしながら判断する必要があるだろう。また、活動の経過にそって、先を見越した立ち位置および役割を判断し実践し続けなければならない。

表 2-1　ソーシャルワーカーの役割

アウトリーチ（outreach）	専門的支援が必要だと考えられる人に支援の存在を知らしめる役割
アセスメント（assessment）	個人、家族、組織、地域のアセスメントを行う役割
イネイブラー（enabler）	問題解決に向けてクライエントシステムを支え、励まし、アドバイスする役割
仲介者（broker）	クライエントシステムが必要とする社会資源につなげる役割
ケースマネジャー（case manager）	クライエントに代わって、複数の事業所等によって提供されている必要なサービス等を調整する役割
教育者（educator）	ターゲットシステムに情報を提供し、教育する役割
調停者（meditaor）	対立するミクロ、メゾ、マクロシステム内・間の言い争いや意見の相違を解決する役割
アドボケイト（advocate）	公正な処遇やニーズの充足を実現するために、クライエントの代弁や権利を擁護する役割
つなぎ役（linkage）	人々や組織等をつなぐ役割
オーガナイザー（organizer）	ある機能を果たすために、人々や集団を組織化する役割
ファシリテーター（facilitator）	複数の人々の相互作用を促進する役割
プランナー（planner）	目標の設定およびプログラム等の計画を策定する役割
マネジャー（manager）	活動や組織の管理を行う役割
調査者（researcher）	実態等を調査するとともに、事業や実践の効果を評価する役割
スポークスパーソン（spokesperson）	発信する役割
コンサルタント（consultant）	専門的アドバイスや提案などを行う役割
アクティビスト（activist）	社会変革に向けてソーシャルアクションを行う役割

表 2-2　地域共生社会の実現に資する体制構築を促進するソーシャルワークの機能とソーシャルワーカーの役割

	地域共生社会の実現に資する体制構築を促進するソーシャルワークの機能	主なソーシャルワーカーの役割
包括的な相談支援体制の構築	①支援が必要な個人や家族の発見	アウトリーチ
	②地域全体の課題の発見	アセスメント、調査者
	③相談者の社会的・心理的・身体的・経済的・文化的側面のアセスメント	アセスメント
	④個人と世帯全体を取り巻く集団や地域のアセスメント	アセスメント
	⑤問題解決やニーズの充足、社会資源につなぐための仲介・調整	仲介者、ケースマネジャー
	⑥個人への支援を中心とした分野横断的な支援体制・地域づくり	つなぎ役、仲介者、ケースマネジャー、イネイブラー
	⑦新たな社会資源の開発や施策の改善に向けた提案	プランナー、コンサルタント、アクティビスト
	⑧地域アセスメント及び評価	アセスメント、調査者
	⑨地域全体の課題を解決するための業種横断的な社会資源との関係形成・地域づくり	つなぎ役、オーガナイザー、マネジャー、ファシリテーター、イネイブラー
	⑩情報や意識の共有化	スポークスパーソン、教育者
	⑪団体や組織等の組織化並びに機能や役割等の調整	オーガナイザー、ファシリテーター、調停者
	⑫相談者の権利擁護や意思の尊重にかかる支援方法等の整備	アドボケイト、教育者、調査者
	⑬人材の育成に向けた意識の醸成	教育者、スポークスパーソン

住民主体の地域課題解決体制の構築	①地域社会の一員であるということの意識化と実践化	教育者、スポークスパーソン
	②地域特性、社会資源、地域住民の意識等の把握	アセスメント、調査者
	③福祉課題に対する関心や問題意識の醸成、理解促進、課題の普遍化	教育者、スポークスパーソン、調査者、コンサルタント、アクティビスト
	④地域住民のエンパワメント	イネイブラー、教育者、コンサルタント
	⑤住民主体の地域課題の解決体制の構築・運営にかかる助言・支援	コンサルタント、教育者、プランナー
	⑥担い手としての意識の醸成と機会の創出	教育者、つなぎ役、オーガナイザー、マネジャー
	⑦住民主体の地域課題の解決体制を構成する地域住民と団体等との連絡・調整	つなぎ役、調停者、ファシリテーター
	⑧地域住民と社会資源との関係形成	つなぎ役、オーガナイザー、コンサルタント、仲介者
	⑨新たな社会資源を開発するための提案	スポークスパーソン、プランナー、コンサルタント、アクティビスト
	⑩包括的な相談支援体制と住民主体の地域課題解決体制との関係性や役割等に関する理解促進	教育者、スポークスパーソン、コンサルタント

○「個別課題解決に向けた実践」と「地域課題等の解決に向けた実践」の循環

　「ソーシャルワークは、社会変革と社会開発、社会的結束、および人々のエンパワメントと解放を促進する、実践に基づいた専門職であり学問」である。そして、その実践は「生活課題に取り組みウェルビーイングを高めるよう、人々やさまざまな構造に働きかける」(国際ソーシャルワーカー連盟)。クライエントは個人に限らず、家族、集団、組織、地域、社会ではあるが、その構成要素は個人である。そのため、専門的支援を必要とする生活問題を体験している個人が、その問題を解決あるいは軽減できるように支援することが基本になる。その際、生活問題を生じさせている「個人、社会的行為、地位と役割、集団、制度、規範・価値など」の「相対的に安定した連関やそのパターン」(秋元ら2003：188)である社会構造の課題を把握し、生活問題を生じさせない社会構造にすべく介入する必要がある。

　これらの循環を明確にするために、特定のクライエント個人や家族の地域生活課題の解決を目指した「個別課題解決に向けた実践」と、地域や社会の複数の人びとに現在あるいは将来において普遍的に影響を及ぼし、地域生活課題を生じさせている、あるいは生じさせると考えられる社会構造の変革を目指した実践とに分けて整理する。なお、地域生活課題を生じさせる組織レベルの社会構造については組織課題、地域レベルの社会構造については地域課題、社会レベルの社会構造については社会課題と換言することができると考えられるため、日頃からよく使用されているこれらの用語を用い、「地域課題等の解決に向けた実践」とする。

　「個別課題解決に向けた実践」と「地域課題等の解決に向けた実践」の分類については、例えば、特定のクライエント個人や家族の地域生活課題の解決を目指した地域住民(マクロシス

テム）への介入が、地域課題の解決を目指した実践に該当することもあるため、明確なものではない。また、ミクロ、メゾ、マクロの理解も多様であるため、ここでは介入のターゲットとして、ミクロシステムをクライエント個人や家族、メゾシステムを個々の集団や組織、マクロシステムを地域や社会とする。

　これらにもとづき、「個別課題解決に向けた実践」と「地域課題等の解決に向けた実践」の循環を明確にしたソーシャルワーク実践を図式化したのが**図2-3**である。クライエント個人や家族の地域生活課題を中心とした重層的システム内や間における交互作用に注目した包括的な情報収集・整理・分析・仮説検証等のアセスメントをクライエントとともに行うことによって、クライエントの地域生活課題の原因あるいは解決を阻害すると考えられる個人要因とともに、相互に関係する組織体制の脆弱さ、制度の狭間、不足する社会資源、近隣住民の偏見等のメゾやマクロシステムの要因も把握する。そのためには、日頃から組織アセスメントや地域アセスメントを行っていることが前提となる。このようなアセスメントをもとに、クライエント、組織、地域等をエンパワメントしながら、クライエントの地域生活課題の解決に向けて介入していく。

　そして、「個別課題解決に向けた実践」において、あるいは終結後に、個別課題を外在化・普遍化して、地域や社会の複数の人びとに地域生活課題を生じさせている、あるいは生じさせると考えられる組織・地域・社会の課題を把握し、多様な人びとと共有・検討・合意して対応

図2-3　「個別課題解決に向けた実践」と「地域課題等の解決に向けた実践」の循環

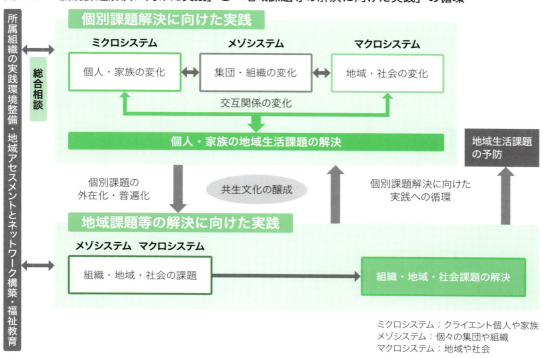

することで、そのプロセスおよび結果から対象とする社会構造の変革を試みる。このように「個別課題解決に向けた実践」と「地域課題等の解決に向けた実践」を循環しながら、人びとの共生文化を育んでいくことで、地域生活課題の発生を予防することができる社会構造に変革していく。なお、ここでの共生文化とは、第1章でも述べられているように、多様性と個人の権利の尊重を基盤とするものであることを強調しておきたい。ソーシャルワーカーはクライエントや地域および社会の人びとが主体的に課題解決に向けて活動できるように、自分の立ち位置を変えながら、その場で必要だと判断される専門職としての役割を果たしていくのである。

● 基盤となる継続的実践

「個別課題解決に向けた実践」や「地域課題等の解決に向けた実践」の循環的な実践を支える基盤といえる実践として、所属組織の実践環境整備、地域アセスメントとネットワーク構築、福祉教育が考えられる。

所属組織の実践環境整備

『地域共生社会の実現に資する体制構築を推進するソーシャルワークのあり方に関する実証的調査研究』において、23のソーシャルワークの機能を発揮していた社会福祉士の95%の所属組織が、社会福祉士の役割を理解しているとともに、スーパービジョン体制も70%で整備されていた。また、調査対象者の多くは、地域課題に対応することが組織の目的の1つとして認識されている社会福祉協議会や地域包括支援センター、そして社会福祉関連法制度等に規定されている既存の組織から独立した立場でソーシャルワークを実践する独立型社会福祉士であった。このような結果から、専門職としての自律性を担保し、かつ地域課題への対応が組織の目的と合致している組織であることが、地域共生社会の実現に向けた実践を行うために必要だといえる。しかしながら、このような組織に属していなければ、地域共生社会の実現に向けた実践ができないというわけではない。なぜなら、1人のソーシャルワーカーが一連の実践すべてを担うだけとは限らず、複数のソーシャルワーカーがそれぞれのストレングスを活かして協働することもありえるためである。

改正社会福祉法によって「社会福祉を目的とする事業を経営する者」に対して、地域課題の解決に取り組む責務が課されるなど、地域課題の解決に向けた実践の環境は徐々に整備されてきている。このような状況においてもなお最も重要なのは、ソーシャルワーク実践において所属組織の機能を最大限活用するために、日頃からそれを可能にする環境を整えていくというソーシャルワーカーの意識であり、日々の実践の蓄積と言語化によって所属組織の管理者や同僚の信頼を得ていくことだと考えられる。前述の調査においても、調査対象者の半数以上が所属先での経験年数が10年以上であり、その実践の蓄積が伺える。その際、組織の理念・目的、

組織構成、構成員のフォーマル・インフォーマルなパワー（強制力、情報力、関係力等）や関係性、組織のストレングス、自分に期待されている役割等の組織アセスメントを行うことが必要になる。

地域アセスメントとネットワーク構築

　前述のように、地域共生社会に資する体制構築に向けたさまざまな取り組みである「点」を有機的につなげ、「面」として機能すべく、その要となることがソーシャルワーカーに求められている。なかでも、多様な専門職の連携と、それら専門職と地域住民をつなぎ協働を可能にする役割が求められているといえる（日本社会福祉士会 2018）。このようなつなぎ役、オーガナイザー、ファシリテーター等の役割を果たすためには、日頃から地域アセスメントとネットワークを構築することが必要になる。地域アセスメントとは、人口動態等の統計資料、地域特性、公共施設、公的サービス、住民組織、職種・職域組織、生活関連産業などに関してストレングスも含めて把握し、実践のさまざまな場面において活用するものである（小野 2015）。なかでも、地域における関連組織の目的や組織文化等や、地域の鍵になる人びと（行政職員、専門職、住民、勤務や勉強している人々等）のパワー、そしてそれぞれの関係性の分析等を行い、ネットワーク構築に活かしていくとともに、「個別課題解決に向けた実践」や「地域課題等の解決に向けた実践」において活用する必要がある。

　ネットワークには日頃から培っていく「静のネットワーク」と、それを基盤として必要なときに支援チームとして機能する「動のネットワーク」があり、これらが循環的に機能することで地域におけるネットワークを構築していく（地域包括支援センター運営マニュアル検討委員会 2018）。本書の6つの実践事例をみると、例えば、日頃から地域包括支援センターに相談がつながるように住民の理解を促進しているとか（第3章第1節）、防災訓練等の地域の活動に参加している（第3章第2節）などの日頃の周知や地域での活動参加等の実践の蓄積（「静のネットワーク」）が、潜在化しているニーズを発見し、ソーシャルワーカーがアウトリーチすること（「動のネットワーク」への移行）を可能にしていることがわかる。ネットワーク構築は短期間でできることではなく、小学校圏域で地域住民、専門職、行政が地域課題に関して話し合う小地域ケア会議を10年以上も継続してきた第3章第3節の実践のように、地道な活動の蓄積が地域共生社会に資する体制構築には不可欠であることを強調しておきたい。

福祉教育

　第1章でも述べているように、地域共生社会の実現においては、一人ひとりの価値観や思想、それにもとづく行動の変容が不可欠になる。つまり、差別や社会的排除等を生じさせる価値観や思想等の連関やパターンである社会構造を変革し、「誰もが役割を持ち、お互いに支え

合っていくことができる地域共生社会」(地域力強化検討委員会 2017) の実現を可能にする共生文化の定着に向けて継続的に活動することが求められる。福祉教育には、福祉教育を目的として実施される啓発的な学習会やボランティア講座などの学ぶ場等の「福祉教育事業」と、福祉教育そのものが目的ではないが、さまざまな活動の過程において主体形成を促す学びを意図的に加える「福祉教育的機能」がある（原田 2014）。日頃から必要に応じて「福祉教育事業」を展開するとともに、「個別課題解決に向けた実践」と「地域課題等の解決に向けた実践」のあらゆる場面において、「福祉教育的機能」を発揮する機会とする意識が必要になる。

● 個別課題解決に向けた実践

　個別課題解決に向けた実践については多くの研究成果の蓄積があり、なかでもコミュニティソーシャルワークの蓄積がそのまま活用できるため、ここでは地域共生社会に向けたソーシャルワーク実践において特に重要だと考えられる点に限定して述べる。地域住民は社会福祉士に対して、地域で支援を必要としている人への支援を最も期待していることが質問紙調査やフォーカスグループインタビューから明らかになっているが（日本社会福祉士会 2018）、これはソーシャルワーカーにとっての責務であり、それを行うためには総合相談と援助対象の拡大が必要になる。これは「地域力強化検討会」における「『丸ごと』受けとめる場」に該当する。制度や分野ごとの「縦割り」を越えてあらゆる地域生活課題に関する相談をすべて受けとめ、相談内容を的確に把握分類し、適切な機関・制度・サービスにつなぐには幅広い知識とアセスメントの力が不可欠になる。

　なかでも、支援を求めていない人々に対するアウトリーチと、必要に応じた危機介入は、他者に対して支援を行うことを社会的に認められている立場と高い専門性が求められることであり、専門職であるソーシャルワーカーが実践すべきことである。このような実践を可能にするには、ソーシャルワーカーによる所属組織の実践環境整備にとどまらず、市区町村や都道府県等がそれぞれの実情に応じた総合相談支援連携体制を構築することが不可欠になる。その際、地域包括ケアシステムや生活困窮者自立支援事業等のこれまでの蓄積を活かすとともに、行政職員のみならず関係する専門職や地域住民等の参加による検討が有効であることは、これまでの実践で明らかだといえる。

　また、「実際の地域の状況は複雑であり、お互いの価値や権利が衝突し、差別や排除が起こるのも地域である」（「地域力強化検討会最終とりまとめ」2017）ことをふまえると、「かかわれない人」や「かかわらない人」等のアドボカシーを行い、本人の意向や想いを大切にしながらエンパワメントしていく必要がある。そのプロセスにおいて、クライエント本人や家族の地域生活課題の原因あるいはその課題の解決を阻害している社会構造を把握し、それを変革すべく、組織アセスメントおよび地域アセスメントにもとづき、メゾシステムやマクロシステムへ

の介入も行う。

　例えば、クライエントからの頻回な電話連絡に対応するために、電話対応体制を整備するとか、頻繁な119番通報による近隣住民とのトラブルを調停する（第3章第1節）などのように、専門職や地域住民が多様な視点でクライエントを理解し、関係構造を変革していけるように介入する。その際、ソーシャルワーカーはどの位置に立ち、どのような役割を果たすのかの判断が難しい場合が多々ある。ソーシャルワーカーはクライエントのアドボケイトであるべきだが、同時に対立する双方の言い分を受け止め、調停者や通訳者として双方がお互いの状況や想いに関する理解を深め、類似点を見出し、妥協点を探ることを支援する必要がある。また、できる限り早い段階で賛同者をつくることが重要であり、そのためには日頃からの福祉教育が大切になる（コミュニティソーシャルワーク実践研究会 2013）。それでも難しい場合には、複数のソーシャルワーカー等が役割分担をすることも有効だと考えられる。「個別課題解決に向けた実践」においては、主にアウトリーチ、アセスメント、イネイブラー、仲介者、ケースマネジャー、教育者、調停者、アドボケイトの役割を果たす必要がある。

◯ 地域課題等の解決に向けた実践

　社会構造が地域生活課題を生じさせているならば、その構造を変革しなければならない。その際、地域共生社会に向けた実践においては、人びとの価値観や思想、地域における地位・役割や関係等に特に注目する必要がある。なお、地域課題への対応に関しては、コミュニティワークやコミュニティソーシャルワークの研究蓄積が多数あるため、それらを参考にしながら、地域共生社会の実現に向けたソーシャルワーク実践事例だと考えられる本書掲載事例や『地域共生社会の実現に資する体制構築を推進するソーシャルワークのあり方に関する実証的調査研究』の実践事例をもとに述べる。

　地域生活課題を生じさせていると考えられる組織・地域・社会の課題を発見した場合には、図2-4のように、「地域課題等の解決に向けた実践」を進めていくと考えられる。ただし、この順番は固定されるものではなく、必要に応じて並行や重複して行われる。また、常に専門職や住民等と連携・協働しながら行っていく活動であり、その活動を促進する役割を担うのがソーシャルワーカーだといえる。なお、これは図2-3の「地域課題等の解決に向けた実践」のプロセスを具体的に示したものである。

組織・地域・社会課題の発見と活動計画（図2-4の❶）

　「個別課題の解決に向けた実践」において、あるいは終結後に、個別課題を外在化・普遍化して、地域や社会の複数の人びとに現在あるいは将来において地域生活課題を生じさせている、あるいは生じさせると考えられる組織・地域・社会の課題を発見する（❶）。これらは、

図2-4　地域課題等の解決に向けた実践プロセス

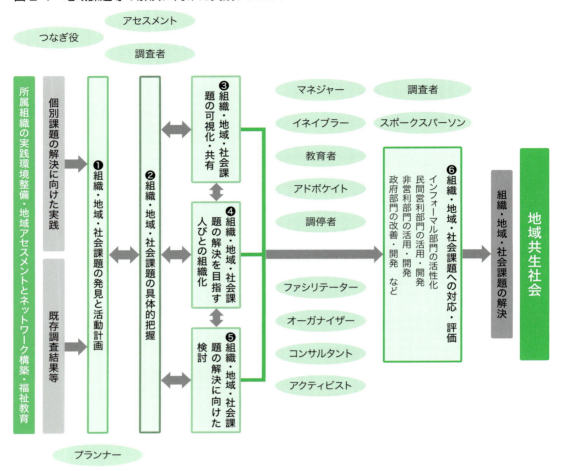

　ソーシャルワーカー1人で行うとは限らず、所属する部署での話し合いや地域ケア会議を活用して地域課題を抽出する等、複数で行うこともある。また、これまでに地域住民等を対象に、あるいはともに実施したニーズ調査等の調査結果、相談内容の分析、地域住民等による話し合いやつぶやき等からも発見することができる。

　そして、地域生活課題を生じさせる組織・地域・社会の課題を発見したら、プランナーの役割を果たしながら、どのように検証して、活動していくのかについて計画を立てる。何を目標に、誰と、どのような方法で、どのくらいの期間で行っていくのか等を明らかにするわけだが、活動経過に応じて柔軟に修正していくことが重要になる。そのため、継続的にプロセスを評価できるように、到達目標と経過目標を定める必要がある。そして、地域課題等の解決に向けた活動が計画通りに進められ、組織・地域・社会課題の解決、つまり地域生活課題を生じさせない社会構造への変革という到達目標に向けた実践になっているかどうかを評価し、その評価をもとに活動を変更していく。これらを行うためには、次のステップである組織・地域・社

会課題の具体的把握（❷）等のアセスメントや調査が非常に重要になる。

組織・地域・社会課題の具体的把握（図 2-4 の❷）

　組織・地域・社会課題を解決していくためには、前述の所属組織の実践環境整備、地域アセスメントやネットワーク構築、福祉教育の蓄積が基盤となるが、それに加えて、発見した課題に対処していくための活動体制整備を行うことが必要な場合もある。例えば、地域課題等への対応を行う承諾を組織から得るとか、あるいは対応する委員会を設けるなどである。そのうえで、組織・地域・社会課題に対応するためには、具体的かつ正確に課題を把握することが不可欠になる。そのため、既存の調査結果や相談実績等を分析するとか、あるいは新たに定量的データや定性的データを収集する。例えば、高齢化の実態を把握するためのアンケート調査（第 3 章第 2 節）や性暴力の認識に関するオンライン等のアンケート調査（第 3 章第 6 節）などが実施されていた。このような地域課題等の具体的な実態把握は、早い段階で行われるだけではなく、必要に応じて何度も行われる。

　また、調査のプロセスを、次の段階である「❸組織・地域・社会課題の可視化・共有」や「❹組織・地域・社会課題の解決を目指す人びとの組織化」等にも活用することができる。例えば、ひきこもりの実態を把握するために民生委員や福祉委員対象の集合アンケート調査を実施した際に、個人情報を特定できないように加工したひきこもりに関する事例をグループワークで共有することで、ひきこもりに関する理解を深め、個人や家族の責任だといったひきこもりに対する参加者の認識を変えていくことに成功している（第 3 章第 3 節）。これは、アンケート調査を福祉教育の機会として活用したともいえる。ソーシャルワーカーは何のために調査を行うのか、誰とどのように実施すべきか等を、社会調査の知識・技術をもとに戦略的に検討する必要がある。その際、第 3 章第 2 節の事例のように、研究者等と連携することも有効だといえる。ここでは、主に社会調査やプランニングの技術を活用して、アセスメント、調査者、プランナー等の役割を果たすことになる。

組織・地域・社会課題の可視化・共有、組織化、対応検討（図 2-4 の❸❹❺）

　組織・地域・社会課題を具体的に把握した結果、実際に対応しなければならないと判断した場合、その後の介入をどのように進めていくのかを計画する。そのうえで、組織・地域・社会課題を地域や社会の人びとに可視化して共有しながら（❸）、対話を重ねて課題解決に向けて活動していく合意を形成しながら人びとを組織化し（❹）、課題解決に向けた対応を検討していく（❺）。これらは一連の実践であり、相互に連動している。

　まず、組織・地域・社会課題の可視化・共有のためには、❷で具体的に把握したデータ等を使用して、専門職や地域の鍵となる人びとが参加する会議等で報告する、広報等で周知する、

シンポジウムや研修会等を開催する、あるいはオンラインやメディア等で拡散している。この段階においても、可能な限り組織・地域・社会課題を体験している人びとや関心を持つ地域の人びとが主体的に活動できるように、能力や関心等に応じた役割を準備する必要がある。なかでも、地域生活課題を抱えている本人の生の声ほど課題の実態を伝えることができるものはないとともに、エンパワメントは「自らの経験と感情を他の人たちも共有していることに気がつくことから始まる」（Taylor 2017）ことから、当事者にとってもセルフエンパワメントをする機会になると考えられる。ソーシャルワーカーはこのような点に留意し、主にプレゼンテーション、グループワーク、ファシリテーション等の技術を活用して、アドボケイト、スポークスパーソン、ファシリテーター、教育者等の役割を果たすことが必要になる。

このような活動と連動して、組織・地域・社会課題への関心を高め、その対応に向けてともに活動する人びとを組織化する（❹）。組織化においては、「相互の対話を通して、人々はそれまで当然視し、問題ないと受け入れていた考えや状況を疑い始めるようになる」（Taylor 2017）ことふまえると、参加した人びとによる相互対話を重視することが重要だといえる。そして、地域生活課題を抱えている本人や家族が対話に参加できるように機会を確保するとともに、つなぎ役、アドボケイト、イネイブラー、ファシリテーター等の役割を果たしながら、対話を促し相互エンパワメントを可能にしていくことが必要になる。

ただ、連携や協働に前向きな人ばかりとは限らない。連携や協働する意義や本人にとっての利点などを明確に伝え、参加する誰にとっても可能な限り何らかの成果が感じられる連携・協働にする必要がある。また、組織・地域・社会課題の解決に向けた対応を検討する際等には、参加者同士や参加者と参加していない地域の人びととの間で意見の相違や対立等が生じることがある。可能な限りこのような状況を避けることが必要な場合もあるが、このような対立等を相互理解の機会として活用する視点が必要になる。そして、ソーシャルワーカーは組織・地域・社会課題への対応方法をある程度想定して、どのような人びとを組織化するか、どのように働きかければ組織化が進むかを、地域の専門職および組織や住民および集団等を対象としたアセスメントをもとに検討することが必要になる。いずれの場合も、「強制」にならないように、ソーシャルワークの価値観をもとに実践を振り返りながら行っていく。

地域課題への対応については、日頃から培っている専門職によるネットワークや地域にある自治会や民生委員・児童委員協議会等の集団がそのまま核になることが多いようだが、それに加えてボランティアを養成するなどによって集団を拡大していた。また、市役所の全関係課長、地域代表者、関係機関担当者、研究者参加による「ひきこもり支援等検討委員会」を設置した第3章第3節の実践のように、組織・地域・社会課題の解決に向けた検討（❺）のための場を、組織化に活用することもできる。このような専門職と地域住民との連携支援は、多様な専門職や地域住民が社会福祉士に期待する実践であり、実際に社会福祉士の実践によって専門

職と地域住民の連携推進が生じていると認識していることからも、地域共生社会の実現に不可欠なソーシャルワーカーによる実践だといえよう（日本社会福祉士会 2018）。主に、組織・地域アセスメント、オーガニゼーション、ファシリテーション、プランニング、管理運営等の技術を活用し、主にアセスメント、プランナー、つなぎ役、オーガナイザー、ファシリテーター、イネイブラー、調停者、コンサルタントの役割を果たす。

組織・地域・社会課題のへの対応・評価（図2-4の❻）

　組織・地域・社会課題の可視化・共有（❸）、組織・地域・社会課題の解決を目指す人びとの組織化（❹）、組織・地域・社会課題の解決に向けた検討（❺）が相互に連動して行われながら、組織・地域・社会課題への対応がなされていく。具体的な組織・地域・社会課題への対応については、その課題によって多様であるが、社会資源の活用および開発は不可欠な対応だといえる。田中（2015：161）によると、「社会資源（social resources）とは、利用者の抱えたニーズを充足・解決するために動員・活用される有形無形の人的・物的・制度的・情報的資源を総称したものである」とされている。そして、社会資源の開発方法として、ソーシャルアクション型、福祉教育型、ソーシャルプランニング型、既存制度活用型、ソーシャルサポートネットワーク活用型アプローチ法が明らかにされている（田中 2015）。これらを参考にしながら、平岡（2011）によるサービス供給の4つの部門（①インフォーマル部門、②民間営利部門、③非営利部門、④政府部門）をもとに分類して示したい。

①インフォーマル部門の活性化

　平岡によると、「『インフォーマル部門』に含まれるのは、親族、近隣住民、知人・友人などによって、日常生活での交流の延長線上で行われる組織化されていない援助活動」（2011：465）としている。ただ、このような活動とボランティア活動や営利的な活動の境界線ははっきりしていないとも述べている。住民主体の地域課題解決体制の構築は地域共生社会の実現に不可欠であり、その体制は他人事を我が事としてとらえ、地域課題の解決に向けてそれぞれの経験や特性等をふまえて役割を分かち合う体制とされている。このことをふまえると、インフォーマル部門は広くとらえ、NPO法人等の非営利部門によるボランティア活動以外の地域住民がグループで行うボランティア活動や自治会等が実施する交流会などを含むものとする。

　事例をみると、例えば、住民懇談会でグループワークを活用して自分たちのニーズをカードに書いて整理するとともに、ソーシャルワーカーと大学院生が担っていたファシリテーターを徐々に自治会役員に担ってもらうようにして、見守り機能を備えた交流の場を役員の会議で企画する（第3章第2節）などのインフォーマル部門サービスの開発がなされていた。ここで重要なのは、地域の鍵となる住民が安心して、過度の負担にならず、楽しみながら活動を主体的

に継続できるようにサポートすることである。そのためには、個人および集団のアセスメントはもとより、何をすべきかを自分たちで考えることができる機会をつくるとか、ストレングスを活かした役割を担ってもらうとか、ボランティア等の集団での活動の事務局の機能をソーシャルワーカーが組織として担うとか、必要なときに相談対応するなどの実践が必要だと考えられる。

インフォーマル部門サービスの活性化については、地域住民全体を対象としたチラシやイベント等を活用した啓発活動も必要ではあるが、ソーシャルワーカーがすべての地域住民に働きかけることは不可能だという限界を認識するとともに、地域住民の力を信じることが必要である。そのうえで、民生委員・児童委員、自治会役員、PTA役員、保護司のような地域の鍵となる人びとをサポートすることで、このような人びとが地域住民とともに協働していけるように意図して実践することが必要だといえよう。同時に、前述の個別課題の解決に向けて協働する経験は、インフォーマル部門サービスの活性化に大きな影響を与える。そのため、「個別課題の解決に向けた実践」においても、クライエント本人の参加による地域ケア個別会議等のケースカンファレンスを開催して、参加した地域住民が「この人のために自分は何ができるのか」「自分は何をしなければならないのか」といった具体的で主体的な問を検討することで、個々のストレングスを認識するとともに、主体的に行動することを促す機会を設けることも考えられる。このような個人への支援は、地域の他の人びとへの支援にも視野を広げ、例えばボランティアグループの結成のように継続・拡大していく。

また、地域住民の相互作用の機会を創設することも、インフォーマル部門を活性化する有効なやり方である。その際、地域の誰もが自律性、対等性、関係性、やりがい、参加を確保できるような相互作用の場をつくっていくことを意識する必要がある。つまり、「支え手」と「受け手」といった役割に固定されず、人それぞれのストレングスを活かした参加を可能にする機会を確保する。そのためには、地域から排除されがちな人びとの参加を促す等の働きかけを行い、地域につなげていくことがソーシャルワーカーには求められる。そして、地域での支え合いを阻んでいると考えられる、現状に合致していない固定観念や価値観等を変容するためのプロセスとして、地域から排除されがちな人びとを含む地域住民同士の相互作用を増加させる。例えば、第3章第2節の実践では、「精神保健ボランティア講座」の運営を手伝ってくれた人の提案で、当事者、その家族、ボランティア、専門職が寺に集まって、精神障害について学ぶ会を講座参加者とともに運営していけるように、場所のつなぎ、相談機関等への周知、当事者への参加促しなどをソーシャルワーカーが行っている。ここに参加して自分の経験談等を話した当事者は、地域での自分の役割を認識するとともに、人びととの対等な関係を構築する一方、参加者は精神障害に関する理解を深めている。

このように、インフォーマル部門サービスはあくまで地域住民が主体であるべきであり、

ソーシャルワーカーは黒子としてそれをサポートすべく、ネットワーキング、グループワーク、ファシリテーション、オーガナイゼーション、管理運営等の技術を活用し、教育者、つなぎ役、オーガナイザー、ファシリテーター、イネイブラー、調停者、コンサルタント等の役割を果たす。その結果、安心した環境で主体的に活動している住民が、「もっとこんなことがしたい」といったような希望を話し合い始め、それが新たな活動につながり定着、深化、拡大していくのである。

②民間営利部門サービスの活用

　民間営利部門サービスとは、営利事業者によって提供されるサービスである。第3章第5節では、移動販売を行う企業と協働して、地域住民の困り事を把握した販売員が診療所の社会福祉士に連絡するというしくみを構築した実践が紹介されている。このような民間営利部門サービスを活用したソーシャルワーカーによる実践事例は非常に少ないのが現状であろう。しかしながら、営利企業による社会貢献の重要性が認識されてきている現状においては、営利事業者との協働も視野に入れる必要がある。例えば、運送会社による品物配達時に、高齢者等の健康状態や困りごとを確認して、必要に応じて社会福祉協議会に連絡をするサービスは、既存の民間営利部門サービスに新たな機能を付加したしくみだといえる。このような企業に限らず、地域の中小企業等と連携して社会参加の場を創設するなど、さまざまな取り組みが考えられる。その際、誰もが地域において尊厳を保持した生活を継続していくためには、働く場の創設といった視点も重要である。ソーシャルワーカーは社会福祉に限定することなく、自由な発想で多様なサービスを活用する視点が求められる。

③非営利部門サービスの活用・開発

　非営利事業者によるサービスの提供によって地域課題に対応することは、NPO法人の増加によってこれまで以上に頻繁になってきた。このような状況においては、社会福祉関連法制度等ではニーズを充足できるサービスが存在せず、かつインフォーマル部門サービスの活性化では継続性や広範性を確保することが難しいような場合には、非営利部門サービスの活用や開発が有効な対応だと考えられる。ただ、注意しなければならないのは、非営利部門サービスの開発は成果として見えやすく評価されやすいが、それのみが重要なのではなく、あくまでそこまでのプロセスの結果であり、プロセスを大切にした実践が求められることである。

　『地域共生社会の実現に資する体制構築を推進するソーシャルワークのあり方に関する実証的調査研究報告書』によると、福祉の僻地といわれる地域において、安心してSOSを出してもらいたいという専門職等の想いから、NPO法人を設立し、いろいろな特技を持っている会員により、調理や映画鑑賞といった利用者の多様な希望に対応している実践が紹介されてい

る。このようなサービス開発には、母体となる組織や資金が必要になることが多いと考えられ、ソーシャルワーカーは所属組織の機能を活用する視点が必要になるといえよう。ここでは、プランニング、社会資源の開発、管理運営、プレゼンテーション、ファシリテーション、関係者の連絡調整などの技術を活用し、プランナー、オーガナイザー、ファシリテーター、マネジャー、イネイブラー、コンサルタント等の役割を果たす。

④政府部門サービスの改善・開発

中央・地方政府機関が提供するサービスを政府部門サービスとしているが、民間委託によるサービスも含むものとする。政府部門サービスを改善や開発するためには、それを行う権限を有する政策主体への働きかけが不可欠になる。つまり、ソーシャルワーカーは行政職員等との協働やソーシャルアクションを実践し、アクティビストとしての役割を果たす必要があるということだ。例えば、第3章第3節の実践では、市の基本計画のなかにひきこもりにある人への支援に関する記載がなされ、相談支援、養成支援、就労支援、居場所支援等の多機能なひきこもり支援センターが創設されている。このような市が提供するサービスの開発を可能にしたのは、ひきこもり解決に向けた検討委員会の委員として市の計画作成担当者に参加してもらい、ひきこもりの実態調査、ひきこもりに関する研修会の開催、ひきこもりサポーター養成講座の開催といった一連の活動をともに行ったことで、政府部門サービスの必要性が認識され、行政機関システムにおける変化を生じさせることができたからだ。

このように、ソーシャルアクションの早い段階から、変革を実現するためにソーシャルワーカーがともに活動していく人びとであるアクション・システムの一員として、ターゲットシステムである権限保有者と協働することが、短期間での政府部門サービスの改善・開発の実現性を高めると考えられる。生活問題の多様化等を背景として、その対応を検討するために議員や行政職員が当事者や支援者に協力を求めてくることが増えているとともに、地方分権の推進に伴い地域の実情に合った条例・制度・サービスの創設等が実施しやすい環境にあることをふまえると、多様な主体の協働によって立法的・行政的措置の実現を目指すソーシャルアクションが求められていると考えられる（髙良 2017）。これらに加え、第3章第6節の実践のように、定量的かつ定性的データによる実態の提示や世論の喚起とともに、具体的な要求およびその普遍性を示す署名等によって、国レベルの社会課題に対応することも必要である。

政府部門サービスの改善については、在宅医療・介護連携推進事業を活用して看取り研修会を開催した第3章第1節の実践のように、既存の事業を活用して対応できることは多々ある。その際、ソーシャルワーカー自身が行政職員の場合には、庁内連携のもと政府部門サービスの改善等を推進することが容易だと考えられるが、あくまで地域生活課題を体験している人びとの声を反映した実態に即した改善や開発にする必要があり、当事者や地域の人びととの協働が

重要であることを再確認する必要があるだろう。

　また、このたび分野別計画の上位計画として地域福祉計画が位置づけられ、その策定の努力義務が課されたことをふまえると、政府部門サービスを改善および開発するうえにおいて、地域福祉計画が地域課題等の解決方法になりえるとともに、その策定プロセスを共生文化の醸成に活用することが必要である。ソーシャルワーカーは地域から排除されやすい人びとの声も政策に届くように、地域の実情に合った仕組みを構築するとともに、安易な公的責任の縮小化にならないように、継続的に声を届けるアドボケイトやアクティビストとしての役割を果たしていかなければならない。

⑤組織・地域・社会課題への対応評価

　組織・地域・社会課題に対応しながらその活動や結果を評価することは、活動の改善を可能にするとともに、成果やそれを可能にした要因の確認は、さらなる組織・地域・社会課題への対応意欲を高め、組織や地域の課題対応力を高めると考えられる。活動の最終段階では、一連の活動によって到達目標を達成したのかどうか、どのような結果や効果があったのかを評価する。例えば、第3章第4節の実践では、教職員による児童生徒の個別性の認識や協働体制の構築、教職員と地域住民との交流の増加、児童生徒の地域の活動への参加など、さまざまな成果が確認されている。このような活動を市生徒指導担当者会で報告することによって、同様の課題を有する学校の参考になったと考えられる。同様に、第3章第6節の実践は刑法性犯罪処罰規定の改正が達成できたことが主な結果であったわけだが、それ以外にも性犯罪に対する関心や理解を高めたといった成果も確認できる。また、成果報告会を開催して、到達目標を達成した要因を明らかにして公表することで、市民によるソーシャルアクションを喚起することができているといえよう。このように、ソーシャルワーカーは評価やプレゼンテーション等の技術を活用して、調査者、教育者、スポークスパーソンとしての役割を果たし、一連の活動の結果や効果を確認するのみならず、その活動を他の組織・地域・社会課題への対応に活かしていく視点をもつ必要がある。

まとめ

　ここまでに述べてきたことではあるが、最後に地域共生社会の実現に向けたソーシャルワーク実践において重要な点について確認しておきたい。以下を常に意識しながらソーシャルワークを実践することが必要だといえる。

・個人の尊厳、自立、社会正義等の理念を実践のなかで熟考すること
・ソーシャルワーカーも地域の資源だと認識し、専門性を自覚してポジショニングすること
・個人の体験として表出される地域生活課題を生じさせる社会構造を認識すること

- 何のために実践するのかを常に確認すること
- 所属組織の機能を活用すること
- 地域の力を信じ、それを引き出すこと
- 相互対話を増やす場をつくること
- あらゆる機会において福祉教育的機能を果たすように意識すること
- 誰もがそれぞれのストレングスを活かして地域に参加できるしくみをつくること
- 複数の活動の連動による好循環を創ることを意識すること

コラム SDGs（持続可能な開発目標）

2015年の国連総会において、MDGs（ミレニアム開発目標）に代わり、SDGs（持続可能な開発目標）が採択された。このSDGsは17の目標と169のターゲットで構成されている。SDGsでは「貧困の解消」と「環境の保全」という2本柱を統合している。つまり、社会的公正と環境的適正の両方を満たすことを目指しているわけだ。「誰一人取り残さない（Leave no one behind）」というスローガンのもと、開発途上国のみならず先進国も対象としたことも特徴である（三宅 2016）。SDGsで示されている目標の多くは、ソーシャルワークにとっても目標だといえる。そして、SDGsではそれぞれの目標の連動による好循環を重要視しており、地域共生社会を目指したソーシャルワーク実践にとって参考になると考えられる。

持続可能な開発のための2030アジェンダ

引用文献

秋元美世・大島巌・芝野松次郎・ほか（2003）『現代社会福祉辞典』有斐閣．

地域包括支援センター運営マニュアル検討委員会編（2018）『地域包括支援センター運営マニュアル―さらなる地域包括ケアの推進と地域共生社会の実現に向けて―』長寿社会開発センター．

地域における住民主体の課題解決力強化・相談支援体制の在り方に関する検討会（2017）『地域力強化検討会最終とりまとめ～地域共生社会の実現に向けた新しいステージへ～』厚生労働省．

コミュニティソーシャルワーク実践研究会（2013）『コミュニティソーシャルワークと社会資源開発―コミュニティソーシャルワーカーからのメッセージ―』全国コミュニティライフサポートセンター．

Council on Social Work Education（2015）*Educational Policy and Accreditation standards for Baccalaureate and Master's Social Work Programs*, CSWE.

DuBois, B. & Miley, K.K（2013）*Social Work : An Empowering Profession*（8th ed.）Pearson.（＝2017，北島英治監訳，上田洋介訳『ソーシャルワーク―人々をエンパワメントする専門職』明石書店．）

原田正樹（2014）『地域福祉の基盤づくり―推進主体の形成―』中央法規出版．

狭間香代子（2016）『ソーシャルワーク実践における社会資源の創出―つなぐことの論理―』関西大学出版部．

平岡公一（2011）「第22章 社会福祉の運営体制」平岡公一・杉野昭博・所道彦・鎮目真人『社会福祉学』有斐閣，455-80．

Kirst-Ashman, K.K. and Hull, Jr.G.H.（2012）*Understanding Generalist Practice*（6th ed.）Brooks/Cole.

髙良麻子（2017）『日本におけるソーシャルアクションの実践モデル―「制度からの排除」への対処』中央法規出版．

厚生労働省（2017）『国における社会福祉士のあり方に関する検討～社会保障審議会福祉部会福祉人材確保専門委員会～』

三宅隆史（2016）「第4章 MDGsからSDGsへ」田中治彦，三宅隆史，湯本浩之編著『SDGsと開発教育：持続可能な開発目標のための学び』学文社，58-74．

日本社会福祉士会（2018）『平成29年度社会福祉推進事業 地域共生社会の実現に資する体制構築を推進するソーシャルワークのあり方に関する実証的調査研究』

小野敏明（2015）「第2章 第2節地域アセスメント」特定非営利活動法人日本地域福祉研究所監修『コミュニティソーシャルワークの理論と実践』中央法規出版，59-66．

田中英樹（2015）「第3章 第7節社会資源の活用と開発」特定非営利活動法人日本地域福祉研究所監修『コミュニティソーシャルワークの理論と実践』中央法規出版，161-71．

Taylor, M.（2011）*Public Policy in the Community*. Macmillan（＝2017，牧里毎治，金川幸司監訳『コミュニティをエンパワメントするには何が必要か―行政との権力・公共性の共有―』ミネルヴァ書房．）

山辺朗子（2014）「ジェネラリスト・ソーシャルワーク」日本社会福祉学会辞典編集委員会編『社会福祉学事典』丸善出版，226-7．

第3章 ソーシャルワーク実践事例

実践事例の読み方・深め方

　本書では、読者の理解を深めるために、地域共生社会に向けたソーシャルワーク実践の背景や理論とともに、すでにソーシャルワーカーによって実践されている多様な事例を掲載している。ここでは、本章に掲載している実践事例を読み進め、深めていくうえでのポイントを説明しているので、参照されたい。「もし自分だったら、この場面ではどのような働きかけをしていくだろうか」と、常に読者自身の日常の実践や学びを振り返りながら読み進めてほしい。
　なお、掲載事例はすべて実際のソーシャルワーク実践にもとづいているが、プライバシー保護のために一定の加工を行っている。

1 タイトル

　実践事例を要約したタイトルを付している。

2 地域、組織体制、組織内の役割

　地域共生社会に向けたソーシャルワーク実践では、地域特性、所属組織の強みを活かしていくことが重要となる。ワーカーの組織内役割にも着目する。

3 実践の概要

　実践事例の概要をまず把握する。実践事例の詳細な分析以前に、概要を把握し、事例の全体像や特色を把握することもワーカーのもつべき力として必要になる。

4 エコマップ

　支援開始前のエコマップとソーシャルワーカーの介入後のエコマップを確認する。地域共生社会に向けたソーシャルワーク実践は、本人・家族・グループ・組織体・地域・社会等へのアプローチ、多様な社会資源とのつながりの形成、環境改善への働きかけ等の連続となる。ソーシャルワーカーの介入によってどのようにエコマップが変化したかを、詳細な実践事例の記述とともに確認してほしい。

　なお本書においては、下記の記号を使用している。

○：女性　　□：男性　　──：強い関係　　───：普通の関係
✕：死亡　　　　　　　------：弱い関係　　+++++：葛藤のある関係
　　　　　　──→：エネルギーの向かう方向

5 　本書の実践事例は、「事例概要」、それに対する「ソーシャルワーカーによる働きかけ」、編集委員が確認した「ソーシャルワーカーの役割とポイント」を並べて掲載している。実践の流れのなかで、ソーシャルワーク専門職であるソーシャルワーカーがどのような意図をもって働きかけを行っているのかを確認し、把握してほしい。また、「ソーシャルワーカーの役割とポイント」によって、どのようなソーシャルワーカーの働きかけにおいて、どのような専門的役割が発揮されたのか、そして、その支援のポイントは何だったのかを確認してほしい。

　読者は、今後、自らの実践事例を記述する際には、自らのソーシャルワーク専門職としての意図的な働きかけ、あるいは身についたプロとしての働きかけを言語化して記述してみてほしい。ソーシャルワーク専門職としてどのような役割・機能を担ったかを場面ごとに考えて記述してみることは、ソーシャルワーカーとしての熟成を目指したトレーニングの機会となる。

6 実践のまとめ

　実践を振り返り、言語化してまとめを記述してみることは、自らのソーシャルワーク実践を深めていくうえで必要な作業となる。本書において、各実践者がどのように自らの実践を振り返りまとめているかに着目し、読者自身が今後実践を言語化する際の参考としてほしい。

7 編集委員のコメント

　各実践事例を読み解くうえでの参考として、各事例の後に編集委員によるコメントを付している。地域共生社会に向けたソーシャルワーク実践とは何か、ソーシャルワーク専門職の専門性とは何かを考えるうえでの参考としてほしい。

8 　各実践事例の最後に、「個別課題解決に向けた実践」と「地域課題等の解決に向けた実践」の循環図あるいは地域課題等の解決に向けた実践プロセスの図を掲載している。地域共生社会に向けたソーシャルワーク実践は、常にミクロレベル、メゾレベル、マクロレベルの多層的、システム的な視野をもった実践が求められる。個別課題の解決・達成のためには、取り巻く環境としての地域・社会の課題の解決・達成に向けた働きかけが必要となり、地域・社会の課題の解決・達成を図ることは個別課題の解決・達成の土台構築となる、といった個別支援と地域支援の一体的な取り組みの循環関係となる。個別支援と地域支援の循環関係をこの循環図で確認してほしい。

第1節 複合的な課題を抱える高齢者の看取りと地域づくりの実践

種別	地域包括支援センター
地域	人口約2万人（高齢化率約25％） 日常生活圏域（都市部・漁村・農村部の4圏域）
組織体制	センター長1名、社会福祉士1名、保健師1名、主任介護支援専門員1名、非常勤看護師1名、非常勤認知症地域支援推進員1名、非常勤介護支援専門員5名、事務職1名　計12名体制
組織内の役割	

　社会福祉士が各職員の知識や技術に応じた役割分担と助言等を行うとともに、予算・決算や事業計画・報告、マニュアル作成、関係部署や機関との交渉、情報発信において中核的な役割を担う。また、日々の相談業務を通して把握した地域課題を分析しながら、事業化し、施策の展開を図っている。

　地域活動として、地域住民等による見守り支援団体の組織化、専門職後見人の組織化、医療・介護の多職種の組織化等に取り組み、ソーシャルワーク実践を言語化しながら組織内外の理解と協力を得るように取り組んでいる。

● 実践の概要

　本事例は、地域住民からの相談により介入し、一人暮らしのAの意思を尊重しながら多機関協働と住民の見守りにより自宅で看取ることができた事例である。Aは、60代後半の男性であり、大腸がん（ステージⅣ）の診断を受けたが、手術を拒み通院を選択した。介入時点では、元妻であるBと同居していたが、間もなく肺がんの進行により入院、そのまま他界し一人暮らしとなる。Aは、認知症に伴う判断能力の低下、疼痛による精神的不安、家事や通院介助などの介護者の不在、住宅ローンや税金、医療費等滞納などの経済的な問題、頻回な救急車の要請とそれにともなう近隣住民とのトラブル、養子縁組の離縁等の複数のニーズを抱えていた。そのため、あらゆる制度・資源の利用を進めるとともに地域ケア会議を活用し、多機関と包括的な協働体制の構築を図った。このような支援によるニーズの充足に伴い近隣住民とのトラブルが軽減され、自主的な見守りの体制が構築された。さらには音信不通であった長女との再会を実現した。また、地域ケア会議やアンケート調査を通して、地域における課題の普遍化を図り、1つは、多職種協働に対応できるツールを開発する。2つは看取りケアに関する研修会の開催等を行う。ソーシャルワーク実践を通して、社会資源の開発、人材の育成、地域住民の見守りネットワークなどにつなげた事例である。

● 本事例のエコマップ

支援開始前

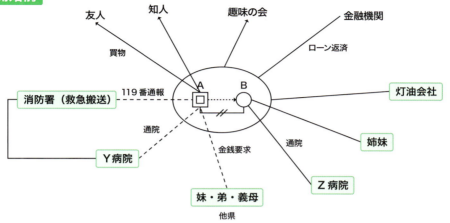

生活保護制度の活用により経済基盤が整い、医療・介護サービス体制が構築され、痛みの緩和、精神的不安の軽減、生活の安定につながる。それによって近隣住民とのトラブルが軽減され、地域住民等による主体的な見守り支援につながり、社会関係が広がる。さらに保佐人及び法テラス法律事務所により法的な課題への対応が可能となり、包括的・総合的な支援体制の構築により、家族関係の再構築につながる。

介入後

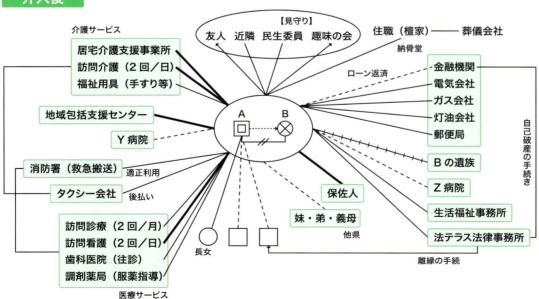

事例概要	ソーシャルワーカーによる働きかけ	ソーシャルワーカーの役割とポイント
導入 　近隣住民から「救急車が頻回に来て困る。高齢者二人暮らしで困っているようだ」と地域包括支援センター（以下、「センター」）に相談が入る。	相談者と面接し情報収集を図るとともに、まずは近隣住民とのネットワーク強化を図る。AとB宅を訪問して面接をする。	▶アウトリーチ ▶つなぎ役 **Point** センターの機能と役割についての住民の理解促進。
初回面接時 　AとBの世帯は、買い物するにも近くに日用品等の買い物ができるスーパー等がない郊外の住宅街で生活していた。近隣住民とのかかわりは煩わしいことから、交流はなかった。 　Bは、肺がん（ステージⅣ）と診断され1年前から抗がん剤の治療のため自家用車で通院していた。かかりつけの病院を予約時間に受診するために、車が主たる移動手段となっている。タクシーを利用すると片道3,000円程度要する。 　新たにAが大腸がん（ステージⅣ）と診断されたところであった。収入の半分近くを占める住宅ローンや未払いの医療費の返済に加え、新たにAの医療費負担が生じることでの経済的な負担、Aの通院に同行する介護の負担に不安を抱えていた。Aは、医師からの説明を受け、「治らないなら手術する必要がない」と通院で経過観察となった。Aは、「チクチク痛いときもあるが、来年になればよくなっているのではないか」との理解であった。Aが夜中に腹痛を訴え救急車を呼ぶが、入院にはならず、送り迎えもBの負担となっていた。 　住宅ローンの支払いができなくなれば住み慣れた住宅からの転居を余儀なくされるが、余命も限られており、放置すればこのまま住まい続けられる可能性も考えられ、	AとBとの面接を通して信頼関係を形成する。 Aのニーズと、Bのニーズをそれぞれ分析する。また、AとBともに、住宅ローンと医療費の負担など経済的な課題等を分析する。 早急にBの介護負担の軽減を図る必要があること、住宅ローンの返済が世帯収入の半分近くを占めており、新たな医療費負担により債務超過になることから、介護保険と生活保護の活用を提案した。また、近隣住民への情報提供に関して同意を得て、近隣住民の見守りにつなげていく。	▶アウトリーチ ▶イネイブラー ▶アセスメント ▶教育者 ▶調停者 ▶つなぎ役 **Point** ❶クライエントとの信頼関係の構築。 ❷クライエントが自身の課題に向き合えるような課題の整理。 ❸情報提供と意思決定の支援。 ❹支援における地域への情報提供の同意とクライエント自身への支援過程への参画促進。

事例概要	ソーシャルワーカーによる働きかけ	ソーシャルワーカーの役割とポイント
債務整理と生活保護の申請を行うことに葛藤を抱えながら、決断するまでには至らなかった。 **B の入院に伴う世帯の変化** 　住宅ローンや医療費の未払いも増えさらに生活に困窮する。A の介護に係る B の負担が増すなか、B の病状の悪化に伴い B が入院する。医師からの説明では月単位の余命宣告があり、B は B の姉妹と相談し、自宅には退院せず療養型病院で最期を過ごすことを決断する。B は A とは会わないことを選択する。 　B の入院により、A は一人暮らしになった不安と混乱から B が入院している病棟に何度も電話連絡をして B の退院を要求する。服薬も自己管理できず、がん性疼痛から日中はセンターに、夜間は119番通報するようになる。消防隊、A の通院先、B の入院先、近隣住民は困惑しており、関係機関からもセンターに何度も連絡が入る日々が続く。 　さらに、各種滞納による督促の電話や文書から、「自宅にいられなくなるのではないか」と、よりいっそう精神的にも不安になることで、電話連絡や119番通報が多くなる悪循環となった。	危機的状況であることから、A に対して支援の必要性を説明する。 B の入院により住宅ローンの支払いが困難になったことから、療養を優先するため A と B ともに生活保護の申請を説得し、債務整理をし、住宅を手放すことを含めて同意を得る。A と B はすでに離婚しており、相互に扶養と介護が困難であることを申請時に代弁する。 疼痛管理に係る服薬管理や家事支援のため介護保険の利用を提案し、同意を得て代行申請をする。 A の認知機能の評価と成年後見制度を活用して金銭管理、債務整理を進めることを提案して同意を得る。債務整理等の手続きは法テラス法律	▶ イネイブラー ▶ 教育者 ▶ 仲介者 ▶ アドボケイト **Point** ❶ 生命と財産保護の視点。 ❷ 丁寧な説明と意思決定の支援。 ❸ 同行・同席によるクライエントのニーズの言語化。 ▶ アセスメント ▶ 仲介者 ▶ 調停者 ▶ ケースマネジャー ▶ オーガナイザー ▶ プランナー

事例概要	ソーシャルワーカーによる働きかけ	ソーシャルワーカーの役割とポイント
特に夜間において、がん性疼痛から119番通報をし、通院先に搬送され、受診しタクシーで帰宅した後、再び119番通報し、一晩に複数回通院することがみられた。また、ときには自ら119番通報した後、救急車への乗車を拒否することもあった。通院するほどにタクシー代が生活費を圧迫するようになり、タクシー代がないため、救急外来の窓口で朝まで過ごすこともあった。救急隊からは、あまりに頻回な救急要請が他の救急要請に支障を来すため、改善を求める旨の連絡が入った。通院先の病院からは、頻回に受診されても担当医がいるわけでもなく、当番病院でもないため、不要不急な受診を控えるよう連絡があった。また、救急隊員によっては、その日の当番病院に搬送することもあり、未払いのまま同じような薬を処方され、タクシーを使って帰宅することもあり、未払いの当番病院からも支払いをめぐって電話連絡が入るようになる。 Aからは、関係機関からの督促や請求書が届くたびセンターに連絡が入るようになる。同様の話を同日に複数回電話連絡したり、担当者が不在のときには担当者が戻るまで電話連絡を催促したりするなど、センターにも頻回な電話連絡が入るようになる。さらにセンターの営業時間外にも電話連絡や訪問の要望が入るようになる。 AとBが関係するすべての事業所、医療・介護・福祉専門職及び地域住民等を招集して地域ケア会議を開催し、Aの生活課題を共有し、支援目標の設定と役割分担を行う。関係する事業者のうち、いくつか葛藤を抱えていることからコンフリクトマネジメン	事務所に相談するとともに法律扶助を利用できるよう調整する。 救急車ではなくタクシーによる受診と、救急車で受診した後の帰宅手段として移動体制の構築を図る。日中や夜間等を含む通院時における院内介助の体制の構築を図る。 日に何度も電話連絡が入ることから、センター内における連絡の手順と対応方法の共有化を含め、連絡体制を整える。 Aのニーズを関係者に代弁するなどして、地域生活課題の解決に向けた媒介を続けた。 地域ケア会議を開催	**Point** ❶ バイオ・サイコ・ソーシャルアプローチ。 ❷ クライエントのニーズについて、関係者間での共通理解の促進。 ❸ 地域ケア会議の開催による支援目標の共有化と役割分担の合意形成。 ❹ 社会福祉士の所属組織への課題共有と共通認識を図ることでの組織力の強化。 ❺ 組織内での役割分担。

事例概要	ソーシャルワーカーによる働きかけ	ソーシャルワーカーの役割とポイント
トも兼ねながら協議検討を行う。	して、葛藤を乗り越えながら関係者との協働による包括的な相談支援体制の構築を図る。近隣住民による主体的な見守り体制の構築を図る。	
その後、生活保護の受給や介護サービスの導入などにより、疼痛が緩和され相談先も複数になり不安が軽減したことにより、不要不急の119番通報は解消され、通院は2週間に1回の定期受診のみとなる。		
また、債務整理の必要性について説明するなかで、Aから離縁したい養子縁組の話があった。Bにも秘密にしており、2人養子縁組したうちの1人はすぐに離縁したが、もう1人が離縁しないままに消息不明になっているとの話があり、養子縁組したことを後悔しており死ぬ前に離縁したい旨の申し出であった。時期を同じくして成年後見制度の申立てを早急に行ったが、精神鑑定を経て保佐人が選任されるまでに4か月以上を要し、法テラス法律事務所の弁護士との委任契約も選任されるまで保留となった。	Aとの信頼関係により、Bにも秘密にている事実を傾聴し、課題解決に向けて調整を行う。	▶ブローカー ▶調停者 ▶イネイブラー **Point** 信頼関係の形成。
Bの死亡に伴う不安と家族関係の再構築		
BとBの家族の意向により、Bが入院している病院から療養型病院へ転院することとなった。転院に関してはAには秘密とされた。転院後間もなくBは死亡する。Bの死亡に伴う葬儀・埋葬についてもAには秘密裏に進められることとなった。Bの死亡を聞きつけた知人からAが知ることになり、精神的に不安になり、Bの家族との関係は断絶することとなった。	Bの家族に対してAの声なき声を代弁して、葬儀や埋葬に関して理解と協力を求める。	▶調停者 ▶アドボケイト
服薬管理ができるようになったことで疼痛管理もできるようになり、知人と夕	Aの喪失感への心理的サポートを行う。経済基盤が安定したことで外出できるようになったことを肯	▶イネイブラー ▶オーガナイザー ▶プランナー ▶ファシリテーター

事例概要	ソーシャルワーカーによる働きかけ	ソーシャルワーカーの役割とポイント
クシーを使って買い物に出かけるようになる。嗜好品など不要不急な支出が増えたことで生活費は不足がちになり、キャッシュカードのキャッシングを利用するなどして生活するようになる。 　近隣の民生委員等を対象とした認知症サポーター養成講座を開催した。認知症に関する理解を促す機会を設けることができた。	定的に評価し、関係者で情報を共有する。また、近隣住民による見守りに加えて、民生委員による見守り支援体制づくりに向けて働きかけを行う。	**Point** ❶ 民生委員による主体的な見守り体制の構築の促進。 ❷ 福祉教育的機能の発揮（認知症サポーター養成講座の開催）。
保佐人の選任と長女との関係の再構築 　Bが入院した時点で、Aの成年後見制度の申立てを行う。精神鑑定が行われることとなり、結果的に選任に至るまで4か月以上を要した。法テラス法律事務所の弁護士との委任契約や必要な手続き等に関して、後見類型の場合は成年後見人による代理行為が不可欠であるとの判断から、成年後見人選任まで保留となった。保佐人の選任をもって、法テラス法律事務所の弁護士との委任契約及びそれに係る法律扶助の手続きを行うこととなった。 　Aの保佐人の選任により金銭管理が行われるようになったことで、不要不急な嗜好品の購入が減った。減った分で必要な食材等が購入できるようになり、食事の回数や量も増え栄養状態も改善する。また、法テラス法律事務所による債務整理と養子縁組の離縁の手続きが進められることとなる。 　住宅と土地の名義はAとBの離婚時の財産分与によってBの名義になっており、住宅ローンは相互に連帯債務者となっていた。結果的にAには相続権がなく、Bの相	選任されるまで、適宜法テラス法律事務所との情報の共有化を図る。	

事例概要	ソーシャルワーカーによる働きかけ	ソーシャルワーカーの役割とポイント
続人が全員相続放棄をしたことで債権者が相続財産管理人の申立てを要する状態となり、Aが立ち退きを要求されるまでに猶予の時間が生じることとなった。 　Aの成年後見制度の手続きの関係からAに実子がいることが判明したものの、A自身は子どもはいないと認識していた。一方Aの長女は、成年後見制度の手続きを通してAが生存していることを知り、長女からの電話連絡につながる。数十年以上音信不通であり、かつ、複雑な事情を抱えており、Aから頻回に電話が来るようになっても困ることから、はじめはAにも伝えないこととなった。 　その後、直接電話で話す機会を経て、長女が本人に会いに来ることとなり、数十年ぶりの再会を果たすことができた。 **病状の悪化と看取りへの対応** 　疼痛の管理や債務整理、養子縁組の解消、生活基盤の構築、近隣住民による見守りや声かけ、長女からの電話連絡などが行われる。 　病状の進行により、疼痛の悪化とADLの低下がみられるようになる。債務整理により自宅を手放すこととなったものの、退去を求められるまでは自宅で過ごしたいとのAの希望を尊重して、自宅での生活を継続することとなった。 ①ADLの低下に伴い通院が困難になり、訪問診療に切り替えた。 ②訪問歯科による嚥下機能の維持を図るとともに、誤嚥性肺炎予防のため訪問介護と協働して口腔ケアを行う。 ③訪問薬剤師と訪問看護の協働による麻薬の管理と疼痛管理。 ④転倒防止とADL維持のための福祉用具の貸与。	保佐人とも連携をしながら家族関係の再構築のタイミングを探り、段階的に、手紙、電話などのやり取りを経て面会に至った。 初回面接の場面には同席し、これまでの経過を振り返りながら相互に関係を構築できるよう仲介をした。 住居の退去のタイミングに関しては難しい判断が迫られたが、関係者間で覚悟を決め、Aの希望に添えるようケアマネジャー、保佐人等と協働しながら調整を行う。	▶アドボケイト ▶仲介者 ▶調停者 **Point** ❶ クライエントへの心理的サポート。 ❷ 家族も含めた支援。 ▶イネイブラー ▶仲介者 ▶調停者 ▶ファシリテーター ▶ケースマネジャー **Point** ❶ 関係者の間でのリスク管理と対応方法の共有。 ❷ 上記のプロセスをふまえることでの支援者側の関係性の強化。 ❸ 多機関・多職種協働に向けての合意形成。

事例概要	ソーシャルワーカーによる働きかけ	ソーシャルワーカーの役割とポイント
⑤保佐人によるオムツや衛生用品、栄養補助食品の購入。 　Aの意向をふまえて、一人暮らしのAを自宅で看取るための体制上の課題として、同居家族がいないため、各関係事業所が訪問した際にケア内容を報告する家族がおらず、結果的に何度も頻回に連絡を取り合わなければケア内容の情報を共有することが困難なことが挙げられた。また、訪問時に死亡していることも想定されるため、関係事業所が第一発見者になることによる精神的な負担などの課題があった。 **看取りと振り返り** 　その後、徐々にAは寝ている時間が多くなる。固形物は経口から摂取することができなくなり、栄養補助食などの流動食に切り替え全介助で摂取するようになる。相対的に食事と水分摂取量も減り、意識レベルの低下がみられるようになる。 　訪問看護のサービス提供時に呼吸が停止し、関係事業所に見守られながら主治医による死亡診断となる。死亡後は、保佐人と長女が協力しながら葬儀・埋葬を行った。 　看取りの後、振り返りとして、関係したすべての事業所等を招集して地域ケア会議を開催して、ケアの振り返りと評価を行う。当初は一人暮らしの高齢者を自宅で看取ることに懐疑的な見解をもっていた関係者もいたが、結果的には関係者や地域住民の協力があって看取ることができたという評価に至る。一人暮らしの場合は、特に複数の事業所がケアを提供していることから、その内容をタイムリーに共有することは難しい。一連の支援を通して、各関係事業所がケア内容を共有するため、記録用紙を共有化したことが有効であったことを評価する。一方で、他の事例においてはこのよう	情報共有のためのケア記録用紙を提案し、関係する事業所間で活用されることとなった。万が一の死亡発見時の対応については、関係者間で連絡の順番を確認し、共有化を図る。 看取りに至るまでのケアの振り返りと評価のために、地域ケア会議の開催を提案する。 当該会議を通して、特に、情報の共有化と看取りに関する知識・技術の課題を地域課題として明確化することにつながった。 2つの地域課題をふまえ、課題解決に向	▶ スポークスパーソン ▶ ファシリテーター ▶ オーガナイザー ▶ コンサルタント ▶ プランナー ▶ 調査者 **Point** ❶ 地域ケア会議の活用。 ❷ 地域ケア会議を通したケアの評価を共有。

事例概要	ソーシャルワーカーによる働きかけ	ソーシャルワーカーの役割とポイント
な情報の共有化が図られていないことから、自治体としての課題であることを確認する。また、訪問介護事業所から経験のある職員を派遣するようにしたが、すべての職員が対応可能であるとは限らないこと、看取りに関しては、各事業所の介護職員が同様に精神的な不安を抱えていること、看取りに関する知識・技術の指導がそれぞれの事業所ごとに行われており、標準化されていないことが自治体としての課題であることを確認する。 **地域づくりへの展開** 　地域ケア会議をふまえ、自治体内の介護事業所に介護職員対する「看取り」に関するアンケート調査を実施して、看取りケアに関して不安を抱えていることを明確にすることができた。これをふまえ、介護職員を対象とした研修会を開催する。 　また、多機関協働に対応できる情報共有のための記録ツールの開発と自治体内の統一的運用に向けて関係する事業所等と複数回の協議を重ねるとともに、自治体内で実際に試行的に活用し、活用したアンケートから改善を図る。 　看取りに関する研修会と情報共有ツールについては、在宅医療・介護連携推進事業として展開することとなった。	けて関係者で協働しながら看取りに関する知識・技術を習得することができる研修会の企画を提案し、協力を得る。 また、自治体内共通の情報共有ツールの開発を提案し、導入に向けた協議と検討の過程を丁寧に行いながら、導入に向けて調整を行う。 自治体内の介護職員の課題を把握するためアンケート調査を実施する。 関係する事業者を招集してファシリテーターを務めながら、新たな社会資源の開発を進めた。	▶ プランナー ▶ アクティビスト ▶ コンサルタント **Point** アンケート調査の実施により地域課題の「見える化」と共有。

実践のまとめ

　この事例の介入から終結までの期間は、1年間であった。この間、ソーシャルワーク専門職として、さまざまな価値葛藤を抱えながら実践をした。例えば、生活保護の申請と同時に住宅を手放さなければならず、住まいの確保に困難が予想されること、Bの死亡を知りながらも、Bの遺族の了解が得られなかったことからAに伝えられず、予想通りAが聞き及ぶところとなり精神的に不安定になったこと、複雑な親子等関係が明らかとなり、残された時間のなかで事実を明らかにすることをAに確認することができないこと、自宅に住み続けたいAの予後と立ち退き命令の時期の予測がつかないこと、誤解や認識の違いによって地域から排除されるリスクがあることなどが挙げられる。価値・倫理に立ち返り、知識を用いてアセスメントを行い、ニーズを言語化し、伝える相手によって用いる言葉を変え、伝え方に細心の注意を払った。

　頻回な電話や訪問対応により他の支援や業務に支障を来し、また、その時期にチーム内での急な役割変更が行われたこともあり、支援する立場でありながら混乱した状態に陥っていた時期もあった。

　繰り返しケース会議を開催し、コアメンバーによるアセスメント、インターベンション、モニタリングを繰り返しながらニーズの共有化、支援目標の確認、役割分担の明確化を図るなど、多機関・多職種協働による支援を心がけた。また、ニーズが大きく変化するときには地域ケア個別会議を開催するなど、地域ケア会議を最大限活用したことで、地域住民による主体的な見守り体制の構築のみならず、支援を通して把握した課題の自治体内での普遍化にもつながった。まち全体が一丸となって、一人の男性を看取ることができた事例であると考えている。

編集委員のコメント

　本事例は、当事者それぞれが抱える課題と、そのクライエントがその地域で生活することで起こる課題などがそれぞれ交互に関連して起こってくる課題を地域で解決している実践である。「『個別課題解決に向けた実践』を通して生活課題の軽減あるいは解決に向けて、集団・組織や地域・社会も意識的に変化させていく」という実践であるといえる。

　事例では、特に前提として、地域の方々が相談しやすい関係づくりが行われていたことがポイントとしてあげられる。実践では、ソーシャルワーカーの支援の対象はさまざまなところに向かい、また多様な役割を果たしていることがわかる。当初は、クライエントとその周囲の住民や関係機関とのストレス（生活課題）は、クライエントにとっては生活のしづらさであるが、周囲からは「困った住民」という関係であった。クライエントと地域が対立、あるいは排除している関係であっても、それぞれに変化の可能性があり、ソーシャルワーカーは支援の過程を通じて新しい関係を構築する役割を果たしている。また、ソーシャルワーカーの丁寧な支援は、地域住民の力も引き出し、主体的な活動へとつながっていくことが示唆されている。

● 「個別課題解決に向けた実践」と「地域課題等の解決に向けた実践」の循環図

個別課題解決に向けた実践

ミクロレベル

Aが体験している課題
- 大腸がんによる疼痛
- 疼痛による精神的不安
- 通院負担
- 認知症による症状の理解・認識の低下
- 未解消の養子縁組
- 音信不通の家族関係
- 親族との関係の悪化

Bが体験している課題
- 肺がんによる疼痛
- 通院負担
- Aの介護負担

AとBが体験している課題
- 治療費や住宅ローンの滞納への催促

ニーズの変化
- 一人暮らしに伴う精神的不安
- IADL低下による掃除や食事作り
- 生活費を含む金銭管理

▶ コンサルタント
▶ アドボケイト
▶ 教育者
▶ 仲介者
▶ ケースマネジャー

Aの課題解決
- 長女との関係修復と養子縁組の解消
- 希望した自宅での最期

メゾレベル

組織が体験している課題
- Aからの頻繁な連絡
- 担当者不在時の対応困難
- 土日祝日・夜間における電話連絡に対する対応困難
- 関係機関との頻回な連絡調整と葛藤

▶ ファシリテーター
▶ オーガナイザー
▶ マネジャー

組織力の強化
- 担当者不在時のチームとしての対応実現
- 時間外における組織としての電話対応体制整備
- 組織としての支援・対応力の強化

マクロレベル

地域が体験している課題
- 妻の入院先とのトラブル
- Aの病院への頻繁な連絡
- 頻回な119番通報
- 頻繁な救急車要請による近隣住民とのトラブル
- 近隣に買い物の場所がない
- 受診の移動手段限定
- 一人暮らしの看取り体制未整備

▶ ファシリテーター
▶ オーガナイザー
▶ マネジャー
▶ コンサルタント

地域力の強化
- タクシー会社による移送手段の確立
- 認知症サポーターズ養成講座の開催による住民の理解の促進
- 近隣住民による見守り
- ケア記録用紙の統一による多職種協働の促進

地域課題等の解決に向けた実践

マクロレベル

地域課題
- 介護職員における看取りに関する精神的な不安
- ケア記録用紙が多様であることから多機関による情報共有が困難

▶ 調査者
▶ オーガナイザー
▶ マネジャー
▶ コンサルタント
▶ アクティビスト

地域課題の軽減・解決
- 介護職員の看取りに関する知識の習得のための研修会の開催
- 多機関協働に対応できる情報共有のための記録ツールの開発と自治体内の統一的運用

第1節 複合的な課題を抱える高齢者の看取りと地域づくりの実践

第2節 地域支援のなかから個別ニーズの発見を行い、その対応のなかから新たな社会資源を構築していった実践

種別 社会福祉協議会

地域 人口約21万人（高齢化率約20％）
日常生活圏域4圏域

組織体制 総務、権利擁護センター、地域福祉推進担当、ボランティアセンターなど

組織内の役割

　筆者は、地域福祉コーディネーターとして約5万人の圏域を担当しているソーシャルワーカーである。地域福祉コーディネーターに入る個別相談の多くはつなぎ先がはっきりしないものであるが、相談内容によっては、組織内のボランティアセンターや権利擁護センター、有償在宅サービスの担当者や、組織外の専門機関・団体につなぐ役割を担っている。地域支援の役割としては、住民や他団体・他機関、NPO・ボランティア団体、そして組織内のボランティアセンターと協働した社会資源の開発に取り組んでいる。社会福祉協議会（以下、「社協」）内でも最も地域課題を把握しやすい役割であり、把握した課題を分析し、社協内で事業化し、行政へ政策提案を行っている。

● 実践の概要

　本事例は、ソーシャルワーカーの働きかけによって始まった住民自治組織による支え合いの地域活動を通して、課題を抱えたまま孤立していた50代のAとBの世帯を発見し、この世帯を住民と関係機関が役割分担しながら支えていったという事例である。

　住民自治組織の自治会長は、以前から課題に感じていた集合住宅の高齢化問題について、社協や関係があった地域内の大学からのサポートを受け、試行錯誤しながらも課題を明らかにし、地域活動に取り組み始めた。まずは居住者の年齢の実態調査、階ごとの住民懇談会、その意見をふまえてハイリスク者を対象とした見守り機能のある茶話会を行った。これらの活動をするなかで発見したのが、AとBの夫婦世帯であった。

　妻のAと夫のBは障害がありながら支え合って生きていたが、徐々に生活が破たんしつつあった。しかし、他の自治体からの転居から間もないこともあり、相談機関と関係が切れていたため発見されなかった。近隣の見守り活動によって発見されたが、経済困難で、家計のコントロールができず、介護負担が積み重なるとBが自傷行為をしてしまう。ソーシャルワーカーは住民の支え合い活動と多機関による包括的な協働体制の構築を図った。

　さらに、ソーシャルワーカーは精神障害の当事者、家族、ボランティアがゆるやかに精神障害について学べる場を立ち上げ、その場にBが役割をもって参加するようになった。

● 本事例のエコマップ

支援開始前

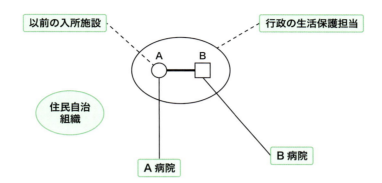

住民自治組織の活動強化による早期の課題発見と、フォーマルサービスの導入、そしてテーマ型のインフォーマル資源の開発により、包括的・総合的な支援体制の構築につながった。

介入後

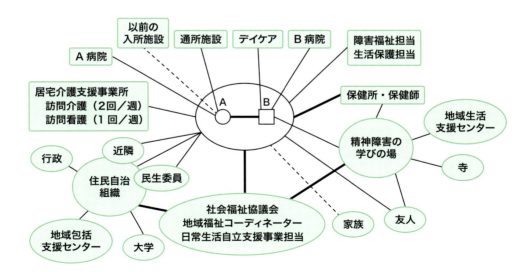

事例概要	ソーシャルワーカーによる働きかけ	ソーシャルワーカーの役割とポイント
実態調査の実施 　防災訓練で顔を合わせた集合住宅の自治会長から「（集合住宅では）高齢化が進んでいる。見守り活動等、何か活動をしなければならないとは思うが、何から始めればいいかわからない。協力してほしい」とソーシャルワーカーに相談があった。 　ソーシャルワーカーは自治組織の三役と相談し、ソーシャルワーカーがつながりのある近隣の大学の協力を得て、まずは集合住宅の年齢実態調査の支援を実施した。個人情報に留意した形式の調査票の作成をアドバイスした。調査は2週間程度かけて自治組織役員が行った。調査結果は大学へ分析を依頼し、現在の高齢化率や独居率、10年後の高齢化率の変化などを調べた。 **住民懇談会の開催** 　ソーシャルワーカーは役員と相談し、行政や地域包括支援センターにも声をかけ、調査結果を共有する場を設けた。その場で、ある役員から「活動はしたいけど、反対する人もいる。役員だけではなく、調査結果やこれからの活動希望について、一般住民の意見も聞く必要があるのではないか」という声が挙がった。そこで、月に一度、階ごとの清掃活動後の茶話会を利用して、毎回15分程度の住民懇談会を開催することにした。 　住民懇談会では、現在から将来にわたってのニーズを聞くためのグループワークを行うこととした。「重いもの移動」「買い物」「交流」などの生活に必要な言葉を書いたカードを示し、それをサポートする仕組みについて、「今すぐにあったらいいな」「10年後にあったらいいな」と書いてある模造紙に分けていくこととした。	地域のイベントへ出かけることで関係をつくり、相談を受ける。 大学の先生から高齢化の実態把握をする必要があるという助言をもらい、実態調査を自治会に働きかけた。 2週間程度で調査を終えたことから、住民力が高い組織であるととらえた。 協力機関にも企画に参加してもらえるよう調整した。会議の場では住民が感じている課題を話してもらうようファシリテーションを行い、課題を乗り越える方法を提案する。 短時間で多くの人が意見を出しやすい手法を大学と相談し、住民側に提案した。 はじめのころの運営は役員が不安そう	▶ アウトリーチ **Point** ワーカー自らが地域に入りこみ、相談が入りやすい状況をつくる。 ▶ 仲介者 ▶ 教育者 ▶ プランナー ▶ 調査者 ▶ コンサルタント ▶ アセスメント **Point** ❶ ワーカー個人や組織のもつネットワークを活用。 ❷ 地域ニーズが必要とする社会資源への結びつけ。 ▶ 仲介者 ▶ オーガナイザー ▶ ファシリテーター ▶ コンサルタント **Point** 関係機関への参加の呼びかけと組織化。住民懇談会の組織化。意見を出しやすい工夫。

事例概要	ソーシャルワーカーによる働きかけ	ソーシャルワーカーの役割とポイント
住民懇談会には、15～20名ほどの住民が毎回参加した。3グループに分かれて、カードを使ったワークショップを行った。はじめの数回はソーシャルワーカーと大学院生がファシリテーター役を引き受け、中盤からは役員もファシリテーターの役割を覚えてもらい、一緒に運営していった。 　1年かけてすべての階で住民懇談会を終え、その結果を大学で分析した。その結果、「見守り」と「交流」へのニーズが高いことがわかった。これらのニーズは当初から役員からも出ていたものであったが、住民全体のニーズとしても同じ結果が出たことで、役員が企画していきやすくなった。 **交流の場の企画** 　役員の会議で相談した結果、見守りの機能を備えた交流の場を企画することとなった。しかし、集会室の広さが十分にないため、より見守りが必要なハイリスクな状況にある方に声をかけていくこととした。ハイリスクかどうかという判断は、住民のアセスメントによるものとし、声をかけたほうがいいと思う住民へ役員とともに状況調査を行った。調査票は大学の協力を得て作成した。住民からは「どういうふうに聞けばいいかわからない」という声があった。 　そこでまずは一軒ずつソーシャルワーカーが一緒に回ることになった。調査をしながら、交流の場への参加や協力についてもヒアリングをした。調査のなかでは「ぜひ行きたい」「手伝うよ」という声があがり、見守り兼「交流の場」を開催していくこととなった。 **A宅への訪問** 　交流の場の企画を進めるなかで、自治会	だったので、ソーシャルワーカーが先にやってみせた。その後、役員にも担ってもらえるようお願いした。 結果の分析を大学に依頼した。その結果を共有する場をどのように設けるかを役員と相談した。 役員会後に、三役部長と打ち合わせする機会を設け、今後の動きについて意見を聞いた。 住民にとって負担感がない活動かどうかを話しながら見極め、活動を提案していった。 一軒ずつ回ることに不安を感じているようだったので、一緒に訪問することを伝えると安心したようだった。 自治会長からの相談	▶ファシリテーター ▶教育者 **Point** ❶住民ネットワーク形成において、ファシリテーションやグループワークの知識、技術の活用。 ❷中盤から自治会役員にもファシリテーターの役割を担ってもらい、住民主体にしていくポジショニング。 ▶アセスメント ▶コンサルタント ▶プランナー ▶イネイブラー **Point** ❶地域住民の負担感のアセスメント。 ❷可能な活動を提案し、支え、励ますイネイブラーの役割。 ❸調査活動のなかでの新たな人材の発見、発掘。 ▶アウトリーチ

事例概要	ソーシャルワーカーによる働きかけ	ソーシャルワーカーの役割とポイント
長から「困っている様子の人がいるらしい。様子がおかしく、障害がありそうな様子。どう対応したらよいか」という連絡があった。発見した役員に話を聞くと、Aという40〜50代の女性で、「夫が入院して困っちゃうよ」という話を繰り返しているという話があった。数日前に救急車が来て、夫を連れていったという近隣の目撃情報もあった。精神障害者を支援する地域生活支援センターや保健所の保健師に相談したが、相談は入っていないと返答があった。	があった際に、「そういう情報はとても貴重で、たいへんありがたい」と話し、こちらで情報収集する旨を伝えた。その後、地域生活支援センターや保健所といった専門機関に相談し、Aたちとかかわっていないか、情報収集を行った。	▶ イネイブラー ▶ アセスメント ▶ 仲介者 **Point** ❶ 今後の相談しやすさ、信頼感の醸成。 ❷ 発見者へのアウトリーチのなかで、課題分析を行いながら必要となる地域の社会資源への仲介。
後日、役員とともにA宅に訪問した。Aは拒否もなく、部屋の中に招き入れてくれた。入ると、居室内は衣類やゴミなどが雑然としている。空いたスペースに座り、役員とともに話を聞いた。Aは時折泣いたり、大きな声で笑ったりと情緒が安定しない様子で、生活保護を受けて生活をしており、療育手帳を示して、数年前に障害者施設を退所し、夫のBと結婚し、1年前に当地に引っ越してきたことや、Bが自傷行為をし、入院していることを話してくれた。妻のAは知的障害と躁うつ病、夫のBは統合失調症であることが分かった。 普段の家事はBが行っているというので、今の生活の様子を聞くと、食事はコンビニなどで買ってきて問題はないが、Aの尿失禁などで汚れたものを洗濯しても、干せずに居室内に放置してあることなどがわかった。また、ゴミ捨ての曜日などもわからないと話があった。	今後見守りをしてもらう必要があると思い、役員に同行を依頼し、訪問した。 まず危機的状況かどうかのアセスメントを行った。緊急性はなさそうだったが、生活上のサポートが必要な状況だったので、サポートを受ける希望などをワーカーが雑談を交えながら聞いていった。	▶ アウトリーチ ▶ 仲介者 ▶ アセスメント **Point** ❶ 後のサポートを意識して自治会役員の同行を依頼。 ❷ 緊急性の判断。関係構築。
ゴミ捨てについては役員から協力の提案があり、それをAに伝えるとうれしそうな笑顔を見せた。また、保健所の保健師や行政の障害福祉課に相談してもいいかと聞	本人が希望したサポートのなかで、近隣にやってもらえそうな役割をお願いし	▶ ケースマネジャー ▶ イネイブラー ▶ 調停者

事例概要	ソーシャルワーカーによる働きかけ	ソーシャルワーカーの役割とポイント
くと、「お願いします」と、ほっとした様子であった。別れ際に役員の女性が「助けてあげるから大丈夫よ。またね」とAにやさしく声をかけてくれた。	た。退室後、本人をサポートしていくうえで不安がないかどうか、役員に話を聞いた。ゴミ捨てぐらいは大丈夫との返事があったのでお願いした。また、今後のワーカーの動き方を共有した。	**Point** ❶ 近隣住民によるゴミ捨てのインフォーマルサポートのマネジメント。 ❷ Aへの支え、励ましと今後必要となる関係機関への橋渡し。
AとBへの支援 　保健所の保健師が中心になり、Bの病状などを把握することとし、Aについても訪問して状況把握をしてもらうことになった。 　保健師から連絡があり、Bが軽症であったためすぐに退院できることになったと連絡があった。そこで、Bの退院後、保健師と行政の障害支援担当、生活保護担当で訪問し、今後のサービス導入などを相談することとした。	行政の障害者支援担当や保健師、生活保護担当にAの状況を伝えた。保健師が専門職側の中心になることを確認した。	▶ 仲介者 ▶ つなぎ役 **Point** アセスメントにもとづく専門分野への仲介。ワーカーの日ごろからの関係者とのネットワーク構築が土台。
Bの退院についてAに電話で伝えたところ、Bへの文句をいいながらも理解していた。しかし、翌日Aから、「Bの薬を飲んでしまった。おかしい。来てほしい」と呂律の回らない口調で連絡がある。保健師に連絡し、Aも入院となった。 　Aが入院になった日に、Bが退院してきた。Aの入院は1か月ほどの予定で、2週間は面会できないと病院から言われたと説明し、Bは「Aがいないと寂しい」と笑いながら話す。	危機的状況であると判断し、保健師にすぐにつないで対応を依頼した。 Bに電話し、Aの状況を知っているか聞いた。Bの気持ちを傾聴した。	▶ アセスメント ▶ 仲介者 **Point** 緊急性の判断と必要なつなぎ。 ▶ イネイブラー
その後、Aが退院してきた。自治会長よりソーシャルワーカーに連絡があり、「2人で退院のあいさつにきたよ。いろい	自治会長の不安感を受け止め、何かあったらすぐに連絡を	

事例概要	ソーシャルワーカーによる働きかけ	ソーシャルワーカーの役割とポイント
ろたいへんそうだけど、これから大丈夫かなあと」不安な様子があった。 保健師からは、Aのほうの課題が大きく、世帯分離も視野に入れて、とりあえずは通所サービスの利用を勧めていくという話があった。	くれるようお願いした。 自治会長の不安を保健師に伝えた。	▶ イネイブラー ▶ 仲介者
保健師から通所サービスの利用を勧められていたが、AもBもあまり乗り気でない様子。自傷行為の理由について、Bから「お金を使いすぎたり、Aの世話で疲れてやっちゃうんだよね。でもAと暮らしたいです」と話がある。サービスの導入について話を振ると、「まだ大丈夫です。何とかやります」と受け入れない。しかしその3週間後、Aから「Bがまたお腹を刺して入院した。どうしよう」と連絡がきた。自治会長に確認すると、「確かに救急車がきていた。刃物沙汰は怖いと近所から話が出ている」と困惑していた。 数日後、保健師からAも情緒不安定で入院したと連絡が入った。	関係形成をするため訪問し、生活の状況を聞いた。BにはAに対する思いや、現在の生活を維持したいという考えを明確に話すことができる強みがある。保健師から提案があったサービスについてどう思うかなど、AとBの思いを確認した。	▶ アセスメント ▶ イネイブラー **Point** AとBとの関係構築。強みの発見。 **Point** 地域関係者の不安感の受け止め。
保健師らと相談し、家事や家計管理が破たんするとBが自傷行為に走ることから、掃除などの訪問介護サービス、通所サービス、金銭管理のサポートを受け入れてもらうため、Bの退院後に、Aの入院先で医師も含めて在宅生活に向けたカンファレンスを行うこととした。 医師からも、AとBにサービスを導入しないと、2人での在宅生活はできなくなるという説明があった。Aは服薬の影響か、一点を見つめ笑ってだまっているだけだが、Bは「わかりました。全部受け入れます」と同意した。	住民からの「怖い」という言葉を保健師に伝え、今後の対応についてのカンファレンスの開催を提案した。 カンファレンスでは、地域住民との関係性などの情報を、積極的に他の専門職に伝えた。	▶ 仲介者 ▶ ケースマネジャー ▶ アドボケイト **Point** ❶ アセスメントにもとづく金銭管理サービスなどのケースマネジメント。 ❷ AとBの状況を関係者に代弁し、環境の整え。

事例概要	ソーシャルワーカーによる働きかけ	ソーシャルワーカーの役割とポイント
AとBが退院した日、ソーシャルワーカーはAとBに同行し、自治会長のところに挨拶に伺った。サービスの導入について説明し、Bが自治会長に「いろいろ支援を受けてやっていこうと思います」と、少し笑いながら話をすると、自治会長は「がんばってね。何かあったらいつでも相談に来なよ」と声をかけてくれた。	緊張関係になりつつあった近隣との関係をほぐすために、自治会長に挨拶をし、近隣とAとBとの間に立ってもらうようお願いをした。	▶調停者 ▶イネイブラー **Point** ❶ 地域のキーパーソンである自治会長とAとBとの調停。 ❷ AとBから自治会長に直接言葉を伝え、コミュニケーションをとることのサポート。
その後、訪問介護サービス、社協の日常生活自立支援事業の金銭管理サポートを導入し、Aは障害者施設への通所が決まった。それによって生活は安定してきた。Bには保健所のデイケアを勧めたが、行ってみて「合わない」と断った。	サービス導入状況などを保健師に確認した。	
そこで、喫茶店での活動をBに紹介した。しかし、「働いている人たちと比べられるのではと心配してしまう」と言って、こちらも断った。	精神障害者支援をしているNPOが実施している中間的就労の場への見学の日程調整と当日の同行をした。	▶仲介者
「精神保健ボランティア講座」の開催 ほかにも、Bのように病状が安定した精神障害者や軽度の精神障害者から、「障害を理解してくれて、何か自分たちが役にたてるような場がほしい」というような声があった。しかし、精神障害を理解して支援したいというボランティアやNPOは少なく、場をつくるにも担い手が不足していることが課題であった。	Bが行けるようなゆるやかな場を探したが、精神障害者を受け入れるインフォーマルな資源が不足していることが分かった。	▶アドボケイト ▶アセスメント **Point** アドボケイトを行っていくための土台として、個別事例の背景にある地域のアセスメント。
そこでソーシャルワーカーは、「精神保健ボランティア講座」の開催を企画した。行政や地域生活支援センター、NPO、ボランティアにも声をかけ、講師やグループワークのサポートなどを依頼した。全3回程度で、地域内の精神障害者の現状や、精	社協のボランティアセンターの職員と相談し、講座を急遽開催する旨の組織内合意形成を図った。講師をしてくれる協力	▶スポークスパーソン ▶プランナー ▶マネジャー ▶つなぎ役 ▶オーガナイザー ▶アクティビスト

事例概要	ソーシャルワーカーによる働きかけ	ソーシャルワーカーの役割とポイント
神障害者への対応、当事者から学ぶ精神障害などのプログラムとなった。20名程度が参加した。	者に企画書を持参し、説明して回った。	**Point** 所属組織内の資源の活用と組織内合意。組織のもつ力の活用。関係機関とのネットワーク構築。
「学ぶ会」の立ち上げ 　講座の終了時にアンケートをし、今後の活動についての意向を聞いたところ、「すぐに活動するには不安がある」「もう少し勉強したい」という声が多くあった。そこで、ボランティアで運営を手伝ってくれたCに相談した。Cは、長年他の地方で内科の医師をしていた。現役の医師として働いていたときから、ライフワークとして精神障害者へのサポートをしていた。退職後に当地に転居してきた方で、精神障害者の支援をこの地域でもしていきたいという意向があった。Cから「当事者もボランティアも専門職も一緒に精神障害について学ぶ場をつくってはどうだろう」という提案がソーシャルワーカーにあった。	講座終了後の展開について不安があったので、講座の協力者たちにアドバイスを求めた。アンケートでニーズを聞いたらという意見があり、活動希望を聞くためのアンケートを作成した。 Cからの提案をどう形にできるか、Cと打ち合わせを数回行った。	▶イネイブラー ▶つなぎ役 ▶調査者 **Point** 地域の人財の発見。人財の活動が可能となる環境醸成。
開催場所については、近隣の寺に相談した。すると、「寺には精神を病んだ人が多く来る。私たちがやらなきゃいけないようなこと。ぜひ協力したい」と協力を申し出てもらえ、会場の提供のほか、機材なども貸してくれることになった。学ぶ会は月に1回定期的に開催し、運営はCを中心に、講座に参加していたボランティアで行っていくこととした。Bにも参加の声かけをしたが、「デイケアに通い始めたから今は行けないけど、そのうち行ってみたい」という返事だった。	普段から関係をつくっている寺に電話で相談し、反応がよかったので、Cを連れて企画の説明に行った。 保健師や行政、障害者の相談機関などにも声をかけ、周知の協力を依頼した。Bにも企画の説明をし、誘った。	▶仲介者 ▶イネイブラー ▶プランナー ▶つなぎ役 ▶オーガナイザー ▶アクティビスト **Point** 日頃からの関係づくりとその仲介。資源の力の発揮が可能となる企画立案とネットワーク構築。

事例概要	ソーシャルワーカーによる働きかけ	ソーシャルワーカーの役割とポイント
その後、その会は当事者やボランティア、当事者の家族、専門職が集まって学ぶ会として安定し、始まって半年後、Bが参加するようになった。Bはそこで自分が統合失調症だと理解した経緯などの経験談を皆に話すなどし、その会で友人もできた。現在も住んでいる集合住宅では、AとBのことを、自治会の役員をはじめとして近隣住民が「最近は安定しているね。この前、話しをしたよ」と見守ってくれている。	期間を少しおいて、またBを誘った。Bの学ぶ会での発言を聞いて、会の終了後に「素晴らしい話の内容だった。また話しに来てくださいね」と伝えた。自治会の役員へも定期的にAとBの状況を聞いている。状況を聞きながら、AとBを気にかけてくれていることにお礼を伝え、フィードバックをしている。	▶仲介者 ▶イネイブラー ▶調停者 **Point** ❶ B自身の学ぶ会への参加の仲介と話す機会の創出。 ❷ Bへのフィードバックとエンパワメント。近隣住民へのフィードバックとエンパワメント。
また、集合住宅の集会室では、茶話会や介護予防体操の会などの開催を通して、課題の早期発見や専門機関が把握しているケースについて社協を通して住民と協働し、住民がゆるやかに見守る体制ができている。		▶オーガナイザー ▶教育者 ▶仲介者 **Point** ❶ 茶話会や介護予防体操の会などの地域における組織化のサポート。 ❷ 地域住民の活動と専門機関の活動を結びつけ、地域に好循環をつくっていく。

第2節　地域支援のなかから個別ニーズの発見を行い、その対応のなかから新たな社会資源を構築していった実践

実践のまとめ

　この事例は、集合住宅の自治会長の相談を受けてから地域の学びの場にBがつながるようになるまで、3年以上の長期間にわたる事例である。

　まずは住民自治組織への取り組み支援だが、地域福祉活動は住民の支え合い活動であり、住民だけでは対応できない複雑な課題にぶつかることもある。そのようなときに活動がうまく進むよう、住民の間に入って調整したり住民と関係者のネットワーク構築を支援する必要がある。

　次にAとBの事例であるが、保健師や専門職のアセスメントでは、一緒にいることで状態を悪くしているので世帯分離が必要ではないかという意見も出た。しかし、2人の「一緒にいたい」という気持ちは強く、悩みながら、何とか2人での在宅生活をサポートした。ここで力を発揮したのが、住民自治組織であった。本人たちが自傷行為を繰り返したりすると、地域住民は事情がわからなければ、恐怖心から地域からの排除の論理に陥りかねない。2人と住民の間に入って支援をすることで、住民が安心してAとBにかかわってくれるようになった。

　地域にはAとBのように、何かしらのサービスが必要だと考えられても、サービスを受けること、受ける側の立場になることに気が進まない人もいる。特にBは、一般企業で働いた経験もある。サービスを受けるのではなく、見守り合い、助け合う機能のある地域の居場所に行くことは、その人の力を発揮できる機会となる。今回の場合、地域関係者との協働のなかで精神障害についての学びの場を開発したことで、Bがその場につながり、友人関係もできた。

　地縁関係での見守り・支え合い体制による地縁型インフォーマル資源と公的なフォーマルサービス、ボランティアとの連携によるテーマ型インフォーマル資源の組み合わせにより、困難な状況にある世帯でも地域で安心して暮らすことができるということを教えてもらった。

編集委員のコメント

　「個別課題解決に向けた実践」と「地域課題等の解決に向けた実践」の循環関係がよくみえる実践である。ワーカーが地域に入りこむことで相談が入りやすい状況をつくり、1つの相談から地域ニーズをアセスメントして地域展開を行っている。住民の主体性を尊重しながら、疲弊しがちな地域の住民活動と近隣の大学のもつ専門性を仲介して住民活動を勇気づけ、さらにワーカー自身の活動のバックアップシステムとなるように活動の組み立てを行っている。

　その過程でA、Bのニーズをキャッチし、個別支援の過程で専門職ネットワークと地域住民のインフォーマルサポートを結びつけていく。それはAとBのエンパワメントの過程であり、同時に専門職ネットワークと地域主体のネットワーク双方のエンパワメントの過程でもある。

　さらに、精神障害についての学びの場を開発した過程では、地域の人材発掘、当事者参加のつながりの形成にもつながっている。本事例においてソーシャルワーカーが果たした多様な役割・機能は、専門職としての総合性を示している。

● 「個別課題解決に向けた実践」と「地域課題等の解決に向けた実践」の循環図

個別課題解決に向けた実践

ミクロレベル

Aが体験している課題
- 生活全般の支援
- 経済困難
- 必要なことへの判断が困難
- 情緒のコントロール
- 近隣との関係

Bが体験している課題
- Aへの日常的な支援
- 経済困難
- 家計コントロール
- 精神疾患
- コントロールできない不安な気持ち
- サービス導入への拒否
- 近隣との関係

ニーズの変化
- サービスを活用しないと2人での在宅生活が維持できない
- 金銭管理の必要性

▶ アウトリーチ
▶ アセスメント
▶ イネイブラー
▶ 仲介者
▶ ケースマネジャー
▶ 教育者
▶ 調停者
▶ アドボケイト

AとBの課題解決
- サービスを活用していく
- 近隣との関係を良好にしていく
- 変化をすぐにキャッチしてもらえる近隣関係
- 金銭管理を依頼する
- 日中は別々の活動に参加する

メゾレベル

組織が体験している課題
- 見守りや支え合い活動の推進についてのノウハウ不足
- 関係機関との頻回な連絡調整
- ボランティア関連の役割分担

▶ オーガナイザー
▶ ファシリテーター
▶ プランナー
▶ マネジャー
▶ スポークスパーソン

組織力の強化
- 大学と協働の取り組み
- 組織としての支援・対応力の強化
- 担当者不在時の対応体制の確認
- ボランティアセンターとの連携と役割分担

マクロレベル

地域が体験している課題
- 高齢化が進んでいることや課題がある人が増えていることへの不安
- どこに相談したらよいかわからない
- 自傷行為をする人が住んでいることへの不安
- 精神障害者がつながる先が少ない
- 精神障害者への理解

▶ アウトリーチ
▶ アセスメント
▶ イネイブラー
▶ 仲介者
▶ 調停者
▶ アドボケイト
▶ つなぎ役
▶ オーガナイザー
▶ ファシリテーター
▶ プランナー
▶ 調査者
▶ スポークスパーソン
▶ コンサルタント
▶ アクティビスト

地域力の強化
- 住民が調査することによる課題の明確化
- 近隣住民による見守り
- 相談窓口の明確化
- 挨拶などで顔が見える関係づくり
- ボランティアと協働の資源開発
- 精神障害ボランティア養成講座の開催

地域課題等の解決に向けた実践

マクロレベル

地域課題
- 精神障害者のためのインフォーマル資源の不足
- 住民と専門機関が協働で行う見守り体制が弱い

▶ アセスメント
▶ イネイブラー
▶ 仲介者
▶ 調停者
▶ つなぎ役
▶ オーガナイザー
▶ ファシリテーター
▶ プランナー
▶ スポークスパーソン
▶ コンサルタント
▶ アクティビスト

地域課題の軽減・解決
- 当事者、住民と専門職が協働でインフォーマル資源の開発について話し合う場
- 見守りを専門とした相談窓口の設置

第2節 地域支援のなかから個別ニーズの発見を行い、その対応のなかから新たな社会資源を構築していった実践

第3節 生活困窮者支援を通した「ひきこもり支援」のしくみづくりの実践

種別	生活困窮者自立相談支援機関
地域	人口約7万人（高齢化率約27.5％、生活保護受給率約6‰） 日常生活圏域（都市部から中山間地域まで、さまざまな4圏域）
組織体制	社会福祉協議会が生活困窮者自立相談支援機関（生活困窮支援センター）、権利擁護センター、障害者基幹相談支援センター、障害者雇用センター、高齢者雇用センター等を受託し、併設して実施している。

生活困窮者自立相談支援機関（生活困窮支援センター）には主任相談支援員1名（センター長、社会福祉士）、相談支援員3名（社会福祉士）、非常勤弁護士1名（週1日）の計5名を配置し、「自立相談支援事業」のほか、「家計相談支援事業」「学習支援事業」を受託実施しており、相談支援員が就労支援員を兼務している。

事業の推進体制としては、「生活困窮支援センター協議会」（年間2回）、「常任委員会」を必要に応じて開催するほか、「支援調整会議」（月1回）を行政及び関係機関で開催し、支援対象者のプランの共有を図るとともに、プランの適切性、終結時の評価、社会資源の活用・創出に向けた検討を行っている。「家計相談支援事業」では、ファイナンシャル・プランナーによる家計相談会を隔月で開催し、家計状況の見直し、将来設計のアドバイス等を行っている。

組織内の役割

執筆者は、生活困窮者自立相談支援機関を開始した当時には、センター長・主任相談支援員として立ち上げにかかわり、他のソーシャルワーカーのスーパーバイザーとしての役割を担った。

● 実践の概要

Y（50代女性、精神障害）は、母であるH（80代女性、軽度認知症）と2人で公営住宅に暮らしている。Yは統合失調症と診断された後、自宅に約30年間ひきこもっている。Hの加齢に伴い、今後家族機能が失われていくことが予測され、Yを本人とした相談支援を行った。

この親子が住む地区は、地域住民同士のかかわりが希薄であったが、本事例を通じて地域へ働きかけ、福祉委員が誕生し、地区の給食サービスが再開された。さらに団地内のミニケア会議の開催を通じて、高齢者世帯を見守るしくみ等が構築されてきている。

さらに、社協の事業として「ひきこもり支援等検討委員会」を設置し、実態把握と支援方策の検討が行われた結果、市の総合計画に「『ひきこもり』の状況にある人への就労支援」が位置づけられ、「ひきこもり支援センター」の開設へとつながった。

● 本事例のエコマップ

支援開始前

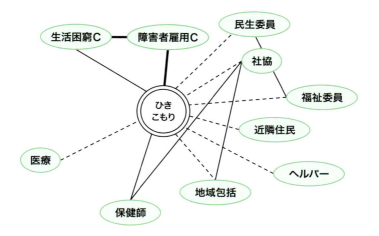

生活困窮者自立支援事業により支援した事例を中心に、地域にある個別課題が見えてきたことから、ひきこもり支援等検討委員会を設置し検討を重ねた。
検討の結果、市の単独事業として「ひきこもり支援センター」が社協に受託設置され、ひきこもり支援に特化した支援策が始まった。

介入後

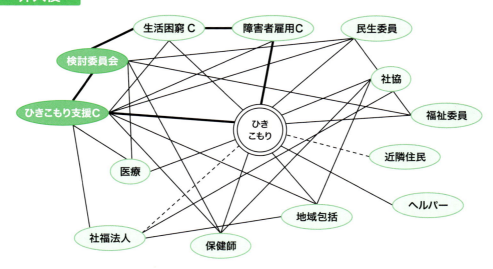

事例概要	ソーシャルワーカーによる働きかけ	ソーシャルワーカーの役割とポイント
（事例の背景） 　Y（50代女性、精神障害）の母であるH（80代女性、軽度認知症）は、約10年間、貸付相談のため社会福祉協議会（以下、「社協」）の事務所を定期的に訪れていた。 　半年前ごろからHの判断能力の低下がみられ、貸付相談のなかから日常生活自立支援事業の利用につながり、利用が開始されている。 　日常生活自立支援事業の担当者は、Hへの支援を行うなかで、ひきこもり状態であるYの存在が気になっていた。 　担当者が市役所の保健師へYの支援について相談し、定期的な訪問が開始された。しかし、Yへの面接等、直接的な支援には至っていなかった。 　そこで、担当者から当センターへ、「被支援者のYが、約30年間ひきこもり状態であり、自立相談支援機関としてかかわってほしい」と依頼が入った。支援しているHへ日常生活自立支援事業の支援が開始されたこともあり、Hの判断能力の低下が進むと家族機能が失われることが想定されるとのことであった。	担当ソーシャルワーカーは、相談者の同意を得て、さまざまな関係者が総合的に支援方策を検討したり、面接等に同席できるよう組織内で調整を図った。	▶アセスメント ▶仲介者 **Point** 常なるアセスメント。必要となる社会資源へのつなぎ。 ▶仲介者 **Point** 関連機関とのネットワーク。 ▶仲介者 **Point** 家族機能のアセスメント。組織内連携。
（ケース会議による情報共有） 　日常生活自立支援事業担当者・市役所保健師・地域包括支援センター社会福祉士・障害者基幹相談支援センターとケース会議を行い、ケース共有した。 　Hは約10年前から、（年金支給月でない）奇数月に必ずといっていいほど社協に来所し、生活費の貸付について相談していた。 　相談は、「Yが通信販売で大量に買い物をしてしまい、支払いができない」「冠婚葬祭がある」「借金の返済」「ライフラインが止まる」などと、毎回さまざまな理由ではあるが、生活費が不足するとの内容で	センター長は、YとHの世帯の収入と支出のバランスが崩れているため、生活困窮者自立支援事業の「家計相談支援事業」での対応を検討した。	▶ケースマネジャー ▶アセスメント **Point** ❶ 必要となる関係機関はどの機関になるかという分析。 ❷ 土台となるネットワーク構築。

事例概要	ソーシャルワーカーによる働きかけ	ソーシャルワーカーの役割とポイント
あった。 　Yからも理由が聞きたいので、Hを訪問し面談を依頼すると、「Yは病気がちで人と会いたがらないため、勘弁してほしい」と頑なに拒否される。 　保健師が「地域の保健師紹介」という名目で訪問した際にも、「うちには必要ない」と言われ、Yには会えていない。 　Yの父は、Yが22歳のときに肺炎で死去している。Yには兄がいるが、高校卒業後すぐに県外で就職しており、現在も県外で暮らしている。兄には婚姻歴はあるが、離婚している。現在は定年退職し、一人暮らしをしている。自身も生活苦があり、HやYへの支援は拒否している。 　健康保険料、介護保険料、水道代、医療費、家賃等、複数の滞納があり、かなり多額となっている。 　収入は、Hの老齢基礎年金、遺族年金、Yの障害年金があり、1か月に約20万円である。 　公営住宅の1階に居住しており、近隣との付き合い等はほぼない。	担当ソーシャルワーカーは、Yが障害者手帳を取得しており、障害年金を受給していることから、手帳の交付のための診断を担当している医療機関に対し、県の保健所からアプローチを試みた。また、どのような経緯をたどって現在の状況に至ったのか、支援を拒否するYの兄との関係、現状に至る前の地域住民とのかかわり等、YとHの親子を取り巻く状況をアセスメントした。	▶アウトリーチ ▶アセスメント **Point** 支援状況、社会資源、生活歴のアセスメント。
(初回面接) 　Hは、年金支給日の約1か月前に社協へ貸付相談に来所し、初回面接となった。生活状況や家計状況については比較的明確に答えられるが、人の名前や組織、方向等がわからなくなる場面が多々あった。また、Yについて、「長い間病気なのは私の育て方が悪かったから」「Yのことは構わないでください」「Yは私とは話をするが、何かを買ってきてほしいということが多い。普段は雑誌を見たり、本を読んだりしている」と話す。Yに対する支援の必要性を話すと、「私が悪かった。だからYのことは私がなんとかする」と話す。	担当ソーシャルワーカーは、Hと面接し、信頼関係を構築するとともに、情報収集を図った。 センター長は、それぞれの機関のもつ役割を意識しながら、関係機関と協働して支援を構築した。	▶アセスメント ▶仲介者 **Point** Hとの関係構築。関係機関との連携による支援。

事例概要	ソーシャルワーカーによる働きかけ	ソーシャルワーカーの役割とポイント
(ケース会議) 　公営の集合住宅に住んでおり、近隣とのかかわりは希薄であった。中心市街地ではあるが、住民の高齢化も進み、民生委員や福祉委員の選任ができておらず、ふれあいサロン等の福祉的社会資源もほぼ存在していない。そこで、10年以上前からおおむね小学校圏域で実施している「小地域ケア会議」のなかで、地域としてできることを検討していただいた。	センター長は、地域住民自らが、近隣の同様な課題を発見する仕組みや地域住民と専門職、行政が一体となって地域課題を自ら解決するしくみを構築することを促し支援した。	▶ アセスメント ▶ プランナー ▶ つなぎ役 ▶ オーガナイザー ▶ スポークスパーソン **Point** 環境、地域状況のアセスメント。既存の「小地域ケア会議」の仕組みの活用による地域課題の検討。対応策の検討への促し。
(初回訪問) 　地域包括支援センターの社会福祉士と同行し、自宅を訪問した。応答があってからHが玄関に出てくるまで、相当な時間がかかった。食料を渡すと笑顔で受け取られたが、持参した手紙は「Yに渡します」とのこと。この時点では室内の様子を窺うことはできなかった。引き続き訪問することとした。	担当ソーシャルワーカーは、訪問することで自宅の様子を観察し情報収集を図るとともに、信頼関係を構築した。なお、口頭でなく手紙で確実に情報を伝えた。	▶ アウトリーチ ▶ 仲介者 ▶ イネイブラー **Point** 関係機関との協働によるアウトリーチ。実際の困りごとの解決による関係構築。確実な情報伝達。
(Hが熱中症で救急搬送) 　日常生活自立支援事業や地域包括支援センター、社協の担当者等とともに自宅訪問を続けた。 　買い物等へ同行し、関係性を築いていくこととした。買い物では、毎回、必ず大量のトイレットペーパーや栄養ドリンク、出	担当ソーシャルワーカーは、たびたび訪問することで様子を観察し、情報収集を図った。また、買い物へ同行するなど信	▶ アセスメント ▶ 仲介者 ▶ イネイブラー ▶ 教育者

事例概要	ソーシャルワーカーによる働きかけ	ソーシャルワーカーの役割とポイント
来合いのお弁当等を大量に購入していることがわかった。 　支援を始めて数か月後、Hが熱中症で救急搬送されたとの連絡が入った。脱水症状もあり、数日間だけだが、入院することとなった。 　ここで、家へ一人残されたYへかかわるチャンスだと、たびたび訪問した末、やっとYが玄関のドアを開けてくれ、家の中の様子を知ることができた。 　居室の中は、玄関から1.5mほどゴミが積まれており、ゴミの山を登らないと居室に出入りできない状態であった。 　数日後に、病院から帰ったHにゴミの整理を手伝う旨を伝えたが、拒否され続けた。さらに、Hは、この夏の間に3度同様の症状（熱中症）で救急搬送され、その都度2～3日間の入院を繰り返した。 **（ゴミの中での生活から脱却に向けて）** 　関係機関とともに、Hへのアプローチや制度の適用について検討した。まずは、居室内のゴミを撤去すること、Yへの障害福祉サービス（ヘルパー）の導入を優先事項とすることとなった。 　その後、日常生活自立支援事業担当者と一緒にたびたび自宅を訪問した。徐々に、ゴミの中での生活の様子や清掃の件について、Hと話すことができるようになった。 　Hは「台所が使えないので、食事は作らずコンビニ等で買っている」「トイレやシャワーは使える」「寝るときはゴミの上にタオルを敷き、その上で寝ている」「洗濯はせず、衣服は積み上がったなかから出して着ている」「不便はないし、Yもこのままでいいと言っているので大丈夫」とのこと	頼関係を築くとともに、家計相談を行った。 センター長は、Hの入院が緊急介入のタイミングだと判断し、Yへ積極的に介入した。対応を焦らず、問題や状況を認識していくことに寄り添い、自ら動こうとする過程を支える援助関係を構築するよう努めた。 担当ソーシャルワーカーは、Hが入院するたびに、Yへ意図的にアプローチし、徐々に信頼関係を構築した。 担当ソーシャルワーカーは、意図的な訪問を繰り返し行い、信頼関係の構築に努めた。	**Point** 買い物同行による生活状況の分析。家計相談による教育、支え、励まし、助言。 ▶アセスメント ▶イネイブラー **Point** 介入のタイミングの判断。寄り添い支援。緊急性の判断と意思決定支援。 ▶仲介者 ▶イネイブラー ▶教育者 ▶ケースマネジャー ▶調停者 **Point** アウトリーチによる信頼関係の構築とアセスメント。意思決定支援。同意にもとづくごみの撤去という実際の課題解決。機をとらえての近隣住民との調停。

第3節　生活困窮者支援を通した「ひきこもり支援」のしくみづくりの実践

事例概要	ソーシャルワーカーによる働きかけ	ソーシャルワーカーの役割とポイント
だった。 　しかし、実際にはトイレに間に合っていないため大量のトイレットペーパーが必要であり、そのために水分の摂取を控えたことで脱水症状から熱中症となり、救急車で搬送されるなど悪循環となっていた。また、お風呂での入浴はもちろん、シャワーも使える状態ではなかったことなどが徐々にわかってきた。 　このようなやりとりを経て、HやYも次第に様子が変わり、ついに玄関と台所だけという条件付ではあったが、ゴミの撤去とヘルパーの利用については同意された。 　ゴミの撤去は関係機関を中心に、短時間で玄関と台所、風呂場、トイレ周辺のみを行った。ゴミの量は、2トン以上に及んだ。 　隣近所を中心に、周囲に住んでいる人が少し離れたところから遠巻きにこちらの様子を窺っていたため、この機会を逃してはいけないと考え、数人の方にご挨拶を兼ねて声をかけた。	担当ソーシャルワーカーは、信頼関係の構築に努め、粘り強く生活の改善に向けて提案を続けた。 センター長は、近隣住民との関係をつくる絶好の機会になるのではないかと考え、周囲住民へ本人が同意した範囲で情報提供し、関係づくりに向けてアプローチするよう担当ソーシャルワーカーを指導した。	
(地域づくりへの展開) 　個別支援と同時に、地域で開催している小地域ケア会議において、YとHの世帯に対して地域として何ができるのかを検討いただいた。 　このエリアには、民生委員や福祉委員といった身近な地域の相談役がいないことに加え、そもそも地域の実情が不明であることが指摘された。	地域のアセスメントができていないことが課題として挙げられ、このような高齢者が相談を発信しにくいことが想定されることから、センター長は、一人暮らし高齢者に焦点を当てることを組織決定した。	▶アセスメント ▶プランナー ▶マネジャー ▶調停者 ▶スポークスパーソン ▶つなぎ役 ▶オーガナイザー ▶アクティビスト

事例概要	ソーシャルワーカーによる働きかけ	ソーシャルワーカーの役割とポイント
まずは、地域の高齢者の状況を把握する必要があると判断し、休止中であった地区の給食サービスを再開させることを通じて、一人暮らしの高齢者の状況確認から始めることになった。 　YとHの世帯が住む公営住宅の自治会役員へ地区給食サービスの配食を依頼し、承諾いただいた。 　さらに、地域の見守り役の必要性を説明したところ、自治会役員であった6人全員に福祉委員に就任してもらえることとなった。 　70歳以上の一人暮らし高齢者を対象とした地区給食サービスが、このエリアでも再開された。事前にこの住宅内を調査したところ、相当数の対象者があり、希望者だけでも35人あった。 　初回の配食後、福祉委員に集まっていただき、各家庭の様子や会話の内容をご報告いただいたところ、YとHの世帯の話が出ると、「あそこの家は『Yが通販でお金を使うから』と言いながらお金を近所に借りに来ることが多く困っている」「開いた窓から異臭がして迷惑している」等の声が相次いだ。 　また、YとHの世帯へのかかわりについて尋ねたところ、「Hは買い物に行く姿を見る程度。あとはお金を借りに来たときに会うのみ」「Yの存在はHから聞いて知っているが、姿を見たことはない」「これまでどこに伝えてよいかわからなかった」等と話された。 　これらを経て、買い物やゴミ出しなどが	既存の社会資源として、地区社協が行う給食サービスは一人暮らし高齢者を対象にしていたが、担当ソーシャルワーカーは自治会に投げかけ、「その他、給食サービスが必要な世帯」という枠を設け、配食を可能にし、活用した。 自治会組織が確立されていたので、自治会を通じて福祉委員を依頼し、配食とときに地域の見守りや相談役を依頼した。 担当ソーシャルワーカーは、受け入れに葛藤があった地域住民たちに、本人たちの同意の範囲でYとHの世帯状況を伝え合意形成を促した。 担当ソーシャルワーカーは、近隣住民への情報提供について同意を得て、地域の見守りにつなげた。 担当ソーシャルワーカーは、地域包括支援センター等と協働し、約150戸の公営集合住宅という地域性を生かし、住宅内でのミニケア会議	**Point** 個別支援の背景にある地域環境のアセスメント。小地域ケア会議の仕組みを活用しての地域づくりへの展開。社会資源の開発。 ▶オーガナイザー ▶調停者 **Point** 福祉委員の組織化。YとHの世帯状況の伝達による地域リーダーとの調停。 ▶調停者 ▶スポークスパーソン ▶つなぎ役 ▶オーガナイザー ▶プランナー ▶アクティビスト

事例概要	ソーシャルワーカーによる働きかけ	ソーシャルワーカーの役割とポイント
自立できるようなサポート体制を地域で構築すること等を目指して、公営住宅内の「ミニケア会議」（福祉委員6人、町内会長、地域包括支援センター、社協が参画）が開催されることとなった。このことが、地域における早期発見の仕組みにつながっている。	を企画実施した。	**Point** 公営住宅内の「ミニケア会議」の計画実施による地域活動の組織化。
（ひきこもり支援の仕組み構築へ） 生活困窮者自立支援事業により、上述のような個別支援を行うなかから、他にも家族全体に困難を抱えた多問題重複世帯の事例が多数浮かび上がってきた。しかし、この事業は「ひきこもり」の方への支援も役割の一部として含まれているものの、「ひきこもり」の専門的支援機関ではない。市内に「ひきこもり」状態にある方が、どこに何人おられ、どのような状態で生活されているのか、その支援機関や支援方法も整理されておらず、「ひきこもり」の実態について、明らかになっていない状況であった。このような「ひきこもり」の課題に直面し、「ひきこもり支援」の仕組みを構築する必要性を感じ、事務局内で検討を重ねていた。 ちょうどA県社会福祉協議会において、2年間のモデル事業として「市町村社協活動活性化支援事業」の募集があり、「ひきこもり支援」について検討する内容で応募したところ、指定を受けることができ「ひきこもり支援等検討委員会」を設置することとなった。		▶アドボケイト ▶マネジャー ▶オーガナイザー ▶プランナー ▶アクティビスト **Point** ❶ 個別事例の分析の積み重ねによる地域共通課題である「ひきこもり支援」の仕組み構築に向けた組織内合意形成と計画化。 ❷ 県社協事業の活用による事業の組織化。
（ひきこもり支援等検討委員会の設置） 社協の自主事業として「ひきこもり支援等検討委員会」を設置することとし、「ひきこもり支援等検討委員会設置要綱」を制定した。委員会はひきこもりの実態把握及	センター職員たちは、市や県へ働きかけるとともに、事務局内で協議を重ね、	▶オーガナイザー ▶プランナー ▶アクティビスト

事例概要	ソーシャルワーカーによる働きかけ	ソーシャルワーカーの役割とポイント
び支援方策等を検討することを目的とし隔月で定期開催することで、ひきこもり支援全体をコントロールするしくみとした。 　協議内容は、①ひきこもりの定義の明確化と実態把握、②ひきこもり解決に向けた地域資源の開発、③ひきこもりの人を支援する人づくりとし、これらに取り組むこととなった。 　さらに委員会に5つの課題項目別ワーキンググループ（定義設定ワーキンググループ、実数・実態把握ワーキンググループ、調査者・支援者養成ワーキンググループ、支援資源ワーキンググループ、分析・まとめワーキンググループ）を設置した。	委員として、市役所の全関係課長、地域代表、関係機関の参画を得ることができた。	**Point** ❶「ひきこもり支援」のしくみ構築に向けたスモールステップの設定。 ❷ 課題項目別ワーキンググループの設定等の工夫。
（ひきこもりの定義） 　定義設定ワーキンググループを開催し、「ひきこもり」について、市独自に「義務教育修了後であって、おおむね6か月間以上、社会から孤立している状態」と定義し、「仕事や学校に行っていない人」「家族以外の人と対面での交流がほとんどない人」「コンビニでの買い物や自分の興味・関心のあることでの外出はあっても、普段は自宅にいる人」「日中、図書館や公園などで過ごすことはあっても、人と接することを避けている人」を例示した。	センター職員たちは、事務局として厚生労働省、内閣府等での先行調査や定義を参考資料として提示し、議論の進行を促した。	▶ オーガナイザー ▶ プランナー ▶ ファシリテーター ▶ コンサルタント **Point** ファシリテートによる議論の促進。先行資料の活用。「ひきこもり」の定義設定による地域課題の見える化。
（ひきこもり支援を考える研修会の開催） 　ひきこもりは、本人や家族の問題ではなく、地域の課題としてとらえることから始める必要がある。「ひきこもり」の現状やその支援施策などを知っていただき、今後の「ひきこもり支援」について地域で考えていただくきっかけとなることを目指して、「ひきこもりに関する研修会」を民生委員（161名）・福祉委員（573名）を対象に開催し、平日と土曜日の2回、同じ内	センター職員たちは、民生委員や福祉委員に委員会での協議の経緯、これからの取り組み予定等について説明、報告し、「ひきこもり支援」を本格的に始めることを知っていただこ	▶ オーガナイザー ▶ プランナー ▶ スポークスパーソン ▶ コンサルタント **Point** 地域リーダーへの地域課題の見える化、意識啓発。可能な取り組みへ

事例概要	ソーシャルワーカーによる働きかけ	ソーシャルワーカーの役割とポイント
容で行い、2日間で353名の参加があった。	うと考えた。	の促し。
（ひきこもり支援を考える地区懇談会の開催） 　地区社協（おおむね小学校区）単位で、民生委員と福祉委員に公民館等の地域の拠点施設に集合いただき、無記名の調査シートを用いて、地域で暮らすひきこもりの状態にある人の実態を明らかにするための「ひきこもり支援を考える懇談会（ひきこもり実態調査）」を全17地区で実施した。調査は、ひきこもりの実態を明らかにするだけでなく、民生委員、福祉委員への啓発を意識して、1時間程度の説明の後、原則として120〜280世帯に1人配置されている民生委員と45世帯に1人程度配置している福祉委員を1チームとしてグループワークを行い、個人情報の特定をせず、事例の状態像のみをグループ内で共有し、提出する調査とした。実施の結果、定義に当てはまるひきこもりの人が市内に少なくとも207名いることが判った。 　年齢構成では、30代が最多であり、次いで40代、50代となっており、高年齢化している実態も明らかになった。	開催に抵抗のある地域もあったが、地道な説得の成果もあり、9か月間かけて全地区で実施できることとなった。 調査終了後は、個人が特定されない形で統計的に処理して委員会に報告するとともに、市内全戸に配布している「社協だより」で特集記事を連載し、市民意識の変化を促している。総合計画の作成を担当する部署（政策調整課）にも委員として参画してもらい、委員会での協議が市の計画的な政策へ反映されるよう促した。	▶オーガナイザー ▶プランナー ▶ファシリテーター ▶調査者 ▶コンサルタント ▶アクティビスト **Point** 既存の地区社協のネットワークの活用。テーマ設定の明確化。グループワークの技術の活用。調査シートによる実態把握と意識啓発。地域課題の数量的な見える化。
（「第2次B市総合計画」の策定） 　基本構想において、目指す都市像について「全国屈指の福祉文化先駆都市」と定められた。基本計画の「だれもが働きたくなるB市」の中には「『ひきこもり』の状況にある人への就労支援」という項目が記載され、ひきこもりの実態把握、相談支援の実施、交流や居場所づくりの場となる支援拠点の整備について明記された。	これまでの取り組み、これからのイメージ等について説明し、毎回グループワークを行い、仲間づくり、支援イメージの共有を図っている。	▶プランナー ▶コンサルタント ▶アクティビスト **Point** 市の総合計画への項目記載による行政政策への反映。

事例概要	ソーシャルワーカーによる働きかけ	ソーシャルワーカーの役割とポイント
(ひきこもりサポーター養成講座の開催) 　ひきこもりの方やその家族の支え手として「居場所」づくり等に協力いただけるサポーターの養成を目指して、「ひきこもりサポーター養成講座」を5回シリーズで開催した。募集定員を30名に設定したが、38名の応募があり、そのうち17名がサポーターとして登録、継続して活動いただくことになった。	センター長は、事業計画や予算を立案し、市との折衝や職員（社会福祉士、臨床心理士）の雇用、配置等につなげた。	▶オーガナイザー ▶プランナー ▶ファシリテーター ▶コンサルタント ▶アクティビスト **Point** ひきこもりの状態にある人やその家族の支え手としての具体的社会資源の創出の取り組み。
(市の総合計画から具体策へ) 　B市独自の福祉政策を検討、決定するため、2015年12月に設置された「全国屈指福祉会議」の5つめの部会として、「ひきこもり支援部会」が新たに設置された。B市でのひきこもり支援の取り組みを行政として検討する施策が創設された。		▶プランナー ▶コンサルタント ▶アクティビスト **Point** 市の総合計画から具体的施策への展開への働きかけ。
(ひきこもり支援センターの開設) 　ひきこもり支援センターを市から受託し開設した。業務内容は次のとおりとした。 ・ワンストップ相談支援窓口の開設 ・ひきこもりサポーターの養成・支援 ・居場所の設置・運営 ・情報提供・社会参加（就労）支援等		▶プランナー ▶コンサルタント ▶アクティビスト **Point** 具体的施策としてのひきこもり支援センターの開設に向けた企画立案、働きかけ、組織化。

第3節　生活困窮者支援を通した「ひきこもり支援」のしくみづくりの実践

実践のまとめ

　生活困窮者自立支援事業により個別支援を行うなかで、家族全体に困難を抱えた多問題重複世帯の事例が多数浮かび上がってきた。

　これらの個別事例に共通していえることは、若年層に限らず、幅広い世代がひきこもり状態にあるということである。学生時代の不登校に限らず、職場での人間関係のもつれ、格差社会による低所得世帯の増加、複雑な家庭環境などと、多岐にわたる要因からひきこもりの状態に至っている。また、このような人々は、年齢が高いほどひきこもり年数も長いこと、自らが支援機関に相談したいと思っている人は少数であることなどもわかってきた。

　しかし、生活困窮者自立支援法をもとに設置されている「生活困窮支援センター」は、その役割の一部に「ひきこもり」の人への支援が含まれているが、「ひきこもり」の専門的支援機関ではない。また、市内に「ひきこもり」状態にある人が、どこに何人いて、どのような状態で生活しているのか明らかになっておらず、その支援機関や支援方法も整理されていなかった。

　そこで、これまでに培ったノウハウや地域支援ネットワークを活かして「ひきこもり支援」のしくみの構築を目指し検討を重ねていたところ、A県社会福祉協議会から、2年間にわたり「市町村社協活動活性化支援事業」のモデル事業として指定を受け、「ひきこもり支援」について検討するため、「ひきこもり支援等検討委員会」を設置することになった。

　市や県をはじめ、関係各位の全面的な理解と協力のもと、検討の結果、2017年度から「ひきこもり支援センター」を市の単独事業として実施することとなり、生活困窮者自立支援事業を受託実施している社協が併せて受託実施することとなった。

編集委員のコメント

　本実践は、生活困窮者自立支援事業による個別支援の取り組みからみえてきた世帯全体に困難を抱えた重複課題事例の分析から、幅広い世代がひきこもり状態にあるという地域共通の課題を見える化し、ソーシャルワーカーが所属する組織の培ってきたノウハウや地域支援ネットワークを活かして「ひきこもり支援」の仕組みの構築を積み重ねたソーシャルワーク実践である。ワーカーは多様な役割を発揮しながら、組織内合意、市計画との連動、県事業の活用、といった仕組みの構築に向けた個別レベル、組織レベル、地域・社会レベルの重層的な幅広い視野による展開を行った。

　本実践から、個別支援とその土台としての地域づくり、計画的な仕組み構築への展開といった一連の総合的なソーシャルワーク実践を学ぶことができる。

● 「個別課題解決に向けた実践」と「地域課題解決に向けた実践」の循環図

個別課題解決に向けた実践

ミクロレベル

Yが体験している課題
- 約30年前からひきこもっている
- 医療受診ができていない

Hが体験している課題
- 軽度認知症、判断能力の低下
- 娘Yが通信販売で大量に買い物をする
- 親族との関係が悪い
- 息子とは音信不通
- 税金など多額の滞納がある

YとHが体験している課題
- 慢性的に生活費が不足している
- 家の中がゴミであふれている
- 近隣との付き合いはない

↓
- 居住空間のゴミをかたづけたい
- 生活費を含む金銭管理
- 近隣住民との交流

▶ アウトリーチ
▶ アセスメント
▶ イネイブラー
▶ 仲介者
▶ ケースマネジャー
▶ 教育者
▶ 調停者
▶ アドボケイト

YとHの課題解決
- 居住空間の環境改善（ゴミ出しができた）
- 近隣住民との交流
- 税等の滞納が徐々に減少し、生活が安定

メゾレベル

組織が体験している課題
- 機関内の役割分担が不透明
- 機関内での支援方針の決定プロセスが未確定
- 他機関との協働、ネットワークの方策が不明確

▶ オーガナイザー
▶ ファシリテーター
▶ プランナー
▶ マネジャー
▶ スポークスパーソン

組織力の強化
- 機関内連携の促進
- 機関内の役割分担の透明化
- 支援方針の決定プロセスの確定化
- 他機関との協働、ネットワークの方策を明確に

マクロレベル

地域が体験している課題
- 近所にたびたびお金を借りに来る
- 開いた窓から異臭
- どこに伝えてよいかわからない
- 民生委員等が不在
- 給食サービス未実施

▶ つなぎ役
▶ オーガナイザー
▶ ファシリテーター
▶ プランナー
▶ スポークスパーソン
▶ コンサルタント
▶ アクティビスト

地域が体験している課題
- 日常生活自立支援事業による金銭管理
- ゴミの撤去、ゴミ出しの援助
- 団地内ミニケア会議
- 自治会へ働きかけ民生委員等の誕生

地域課題等の解決等に向けた実践

マクロレベル

地域課題
- 民生委員・福祉委員が未選任
- 地域の福祉課題が明確になっていない。伝える手段、役割も不明確
- ひきこもり状態にある人の実態把握

▶ アセスメント
▶ イネイブラー
▶ 調査者
▶ つなぎ役
▶ オーガナイザー
▶ ファシリテーター
▶ プランナー
▶ スポークスパーソン
▶ コンサルタント
▶ アクティビスト

地域課題の軽減・解決
- 自治会へ働きかけ、福祉委員を選任
- 小地域ケア会議から団地内ミニケア会議を開催し、住民自らが一人暮らし高齢者等、要配慮者の状況を把握

第3節 生活困窮者支援を通した「ひきこもり支援」のしくみづくりの実践

第4節 学校へのコンサルテーションにより子ども・家庭・学校・地域の主体的なつながりを実現した実践

種別	A市教育委員会スクールソーシャルワーカー
地域	A市内のX中学校区（住宅地域、2つの小学校区が1つの中学校区を形成する）
組織体制	A市教育委員会事務局学校教育部教育指導課　課長1名、指導主事8名（うちスクールソーシャルワーカー担当者1名）、事務職員4名、教育相談員3名、非常勤の社会福祉士（スクールソーシャルワーカー）1名
組織内の役割	社会福祉士は、A市教育委員会の派遣型スクールソーシャルワーカーであり、年間50回（月に4回～5回）の勤務である。市内の小中学校の子どもの個別ケースや学校課題への支援を行っている。具体的には、学校訪問による支援、市内の教職員向け研修会の講師、要保護児童対策地域協議会実務者会議等、A市の子どもにかかわる会議への参加と助言等である。学校への派遣は、学校からA市教育委員会へのスクールソーシャルワーカー派遣依頼による場合と、教育委員会の判断による学校へのスクールソーシャルワーカー派遣の場合がある。

実践の概要

本事例は、A市教育委員会の判断によって学校に派遣されたスクールソーシャルワーカー（以下、「SSWr」）がかかわることで、子どもを中心に家庭・学校・地域の主体的な連携と協働の形を実現し定着できた事例である。

8月下旬のある夜、校区の公園でX中学校在籍の男女数人による火遊びを伴う大騒ぎがあり、近隣住民による通報で警察が介入。その際、Y児のバイクの窃盗も明らかになった。このような場合、起こった事件や事実への対応と並行して再発防止を図る必要がある。SSWrは事件対応への助言と支援を行うとともに、今後の予防策として、教職員自らが校内組織を見直し、子どもたちが主体的に学校生活を考え、保護者や地域住民が日常的に学校にかかわり、子どもたちが地域の一員として地域にかかわることで、地域・学校・家庭が子どもたちにとって自分らしく生活できる居場所となる取り組みといえる「おひさまプラン」を提案した。SSWrは学校とともに計画策定を行い、計画遂行を支援し、学校（生徒と教職員）と地域が計画の実行者となった。その結果、地域住民と学校との日常的な連携が活発化するとともに、「おひさまプラン」は毎年更新され校区のスタンダードとなっている。

子どもたち・学校・地域住民それぞれの主体性を尊重しながら、中学校区を中心にした持続可能な地域社会の形成を目指したソーシャルワーク実践によって、子どもたちの安心・安全を日常的に見守る学校と地域の「つながり」が構築されたといえよう。

● 本事例のエコマップ

支援開始時

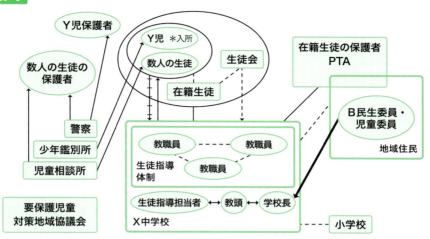

全教職員の合意による生徒指導の基本ルールの見直しによって、個々の教職員の価値観による生徒指導から、組織としてのチーム対応に変わる。また、個々の子どもの背景を理解することで、それぞれに対する適切な支援が可能となり、小学校や関係機関との連携が活発になる。それらも含めて、学校の力だけでなく、子どもや家庭、地域の力を活かす視点をもつことで、それぞれが日常的かつ主体的につながり、持続可能な地域社会が築かれる。

介入後

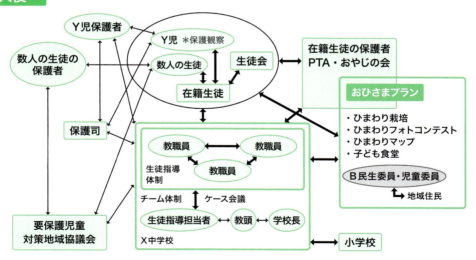

事例概要	ソーシャルワーカーによる働きかけ	ソーシャルワーカーの役割とポイント
(導入) 　8月末のある日、A市教育委員会から、一部の生徒による火遊びやバイクの窃盗等の非行に伴う全生徒への影響に対応するため、X中学校の支援を行うようSSWrに連絡が入る。	A市教育委員会のSSWr担当者から、事件についての概要を聞き、SSWrの役割を確認した。	**Point** 現在と今後への対応の整理と見通し。
(初回の学校訪問：学校長との面談) 　今回の事件に対しては、すでに児童福祉法や少年法をふまえた非行対応が進んでいた。しかし、それ以外の多方面への対応も必要であり、学校長は気丈にふるまっているものの、心身ともに疲弊しているようにみえた。 　学校長からSSWrには、まず①事件の詳細、②保護者集会の開催、③2学期からの取り組み予定、④生徒集会の開催、⑤関係機関との連携等について説明があった。そのうえで、SSWrへの相談は「今後の対応をどうするべきか」というものであった。当事者である生徒たちへの対応、他の生徒たちの不安対応、当事者それぞれへの家庭訪問、職員会議、保護者説明会等で忙しく動いている教職員の疲弊感と今後への不安、保護者や地域住民の不安等について心配していることが学校長から語られた。	学校長のリーダーとしての責任と苦労を受け止め、信頼関係を構築することに努めた。 事件の詳細、事件にかかわった個々の子どもたちの状況、学校の対応と状況、地域住民の状況と、学校との関係性を把握し、問題点を整理したうえで学校長にフィードバックした。以下のようにアセスメントした。 ・教職員が一生懸命だが、見通しがもてていない。 ・事象への指導のみに偏りがちで、背景への支援の視点が弱い。 ・「学校がなんとかしなくては」という気持ちが強く、子どもたち自身や家庭、地域の力を活かす視点が不足しがちである。 ・生徒指導の重点は、	**Point** ターゲットシステムである組織の長との信頼関係の構築。 **Point** 課題の明確化。 **Point** 組織アセスメント。 ▶アセスメント ▶ファシリテーター
(初回の学校訪問：学校長、教頭、生徒指導担当者との面談) 　途中で、教頭と生徒指導担当者が話し合いに合流した。2人の話から、Y児をはじめ、事件にかかわった男女数人は、校内でも授業妨害やエスケープや暴言が目立ち、教師たちから毎日指導されていたこと、学校としての生徒指導の重点は示されておらず、教師が必ずしも同じイメージで生徒指導を行っているとは限らないこと、生徒会活動や子どもの参加型の取り組みに特に		

事例概要	ソーシャルワーカーによる働きかけ	ソーシャルワーカーの役割とポイント
力を入れているわけではないことを共通理解した。一方で、民生委員・児童委員等との関係はよく、協力を期待できるとのことだった。 　学校として、考えうることはすでに実践しているが、気がつかないこともあるのではないかと思うので、SSWrの立場で、気がつくことや対応方法について意見がほしいとのことだった。	「取り締まり強化」ではなく、モラルや社会ルールをベースにするべきであるが、教員によって指導の基準が異なることで生徒が混乱している。 ・小・中連携は、活発とはいえない。 ・地域との関係は悪くはない。 ・近隣住民に不安がある。 ・地域との連結役として、B民生委員・児童委員の活躍が期待できる。 このようなアセスメントをもとに、B民生委員・児童委員からのプレゼントであって、学校長の心を和ませる大事な写真だという校長室の壁に飾ってあった「青空の中でおひさまに照らされて咲くひまわり」を1つのシンボルとすることを考えた。そして、今回のピンチをこれからのチャンスとして、未来に向けて検討する必要性を伝えたうえで、以下のように提案した。 ・非行や問題行動の	**Point**　地域アセスメント。 **Point**　メゾ（学校）をターゲットとしながらも、ミクロ（子どもや家庭）、メゾ（学校、PTA、教育委員会）、マクロ（地域）全体を視野に入れたアプローチ。 **Point**　楽しく、誰もが参加できることと主体性の重視。 ▶コンサルタント ▶イネイブラー

第4節　学校へのコンサルテーションにより子ども・家庭・学校・地域の主体的なつながりを実現した実践

第3章　ソーシャルワーク実践事例

事例概要	ソーシャルワーカーによる働きかけ	ソーシャルワーカーの役割とポイント
SSWrの提案について、学校長はたいへん興味をもったようであった。おひさまに照らされたひまわりが、校区の至るところに咲いている風景をみなで想像し、笑顔がこぼれた。そして、すでに地域のお祭りに、子どもたちが積極的に参加できるように学校長自らが取り組んでいることを説明してくれる表情は明るかった。さらに学校長からは、子どもたちが、地域でのボランティアに積極的に参加できるようにしたらどうか。そういう取り組みを、生徒会を中心に進めていけるようにしたいという提案も出された。 ひまわりについては、「子どもたちが苗を配る」という案も話されたが、SSWrの「さまざまな場所で、さまざまな人が、種から育てることで、子ども、家庭、学校、地域が同じ話題で交流するきっかけにしてはどうか」という案に、みなが賛同した。	未然防止はもとより、X中学校区が、事件の当事者を含め、在籍している子どもにも、また卒業生にとっても、自分らしく生活できる居場所になることが重要であること。 ・X中学校区が、「楽しい学校、温かい家庭、優しい地域」であるには、学校だけでなく地域ぐるみの明るく継続的な取り組みが必要であること。 ・「ひまわり」を学校と地域を明るくつなぐシンボルとして、ひまわりを植える取り組みを通して、子ども、学校、家庭、地域の明るい「つながり」を構築するきっかけとすること。	**Point** 多様な主体が協働できるしかけ。

事例概要	ソーシャルワーカーによる働きかけ	ソーシャルワーカーの役割とポイント
そして、これら一連の取り組みを「おひさまプラン」と名づけた。 **（初回の学校訪問：学校長、教頭、生徒指導担当者との具体的な対応検討）** 　話し合いは、具体的にどのように進めていけばよいのかという段階に入った。 　生徒指導担当が、今回の事件で少年鑑別所に入ったＹ児についての行動記録を見せながら、これまでに把握している背景について説明した。そこから、Ｙ児には、父性的な指導だけでなく、個別の母性的なかかわりと福祉的支援が必要であると共通理解した。それ以外の生徒については、まだ情報が十分ではないが、要保護児童または要支援児童として関係機関との連携による福祉的支援が必要な子どももおり、それぞれの背景に家庭的な事情があるのは間違いなかった。どの子どもも「淋しさ」を抱えていると学校長、教頭、生徒指導担当者は口々に言い合った。おそらく小学校のときからではないかと思うが、小学校との連携は進んでいない。そのうえで、教育相談の機会はあるが、それ以外に教員が日常的に子どもの話を「聴く」意識が必要かもしれないと学校長は言った。 　教頭より、学校で個別ケース会議をするにあたって、SSWrによる「ケース会議」の校内研修をしてはどうかと提案があり、みなで共通理解した。学校が、Ａ市教育委員会と相談してSSWrの派遣依頼と日程調整をするとともに、少年司法の専門家による「非行対応」についての研修も行うことになった。 　学校長は、早いうちに職員会議を開催し、教職員全員の意見を聞いてみると言った。また、生徒会活動をもっと活発にして、子	「おひさまプラン」と名付けてはどうかと提案した。 まず、事件の当事者である子どもたち一人ひとりについてアセスメントを行い、それぞれに必要な支援策を講ずるべきではないかと助言した。 Ｙ児が少年審判でどのような処分になっても、学校はＹ児が安心して教育を受け、Ｙ児のストレングスが活かされ、子どもたちのなかで成長していくことができるよう、準備しておく必要があること、早急に他の子どもについても個別ケース会議を開催し、個々への対応について考えること、小学校と連携することを進言した。 また、子どもは話を聴いてくれる先生を求めている。信頼関係があってこそ指導の効果がある。Ｘ中学校では子どもの思いや意見を聴く機会がどれくらいあるのかを尋ねた。	**Point** 個別課題解決に向けた実践を大切にする姿勢。 ▶ アセスメント ▶ アドボケイト ▶ コンサルタント **Point** 個別性を重視した環境の調整。 **Point** 関係機関連携の促進。 ▶ コンサルタント ▶ 教育者 **Point** 継続性をふまえた小・中連携の促進。 **Point** ❶ 質問による現状認識の促進。 ❷ 全教職員の参加と合意。 ❸ 指導方針の一致。

事例概要	ソーシャルワーカーによる働きかけ	ソーシャルワーカーの役割とポイント
どもたちからの発信を促進していけるよう工夫してみたいとのことだった。 　さまざまな取り組みを同時進行で行っていく必要があることを共通理解した。 **（初回の学校訪問：学校長、教頭、生徒指導担当者との役割分担の確認）** 　そこで、学校、子ども、保護者・PTA、地域、教育委員会それぞれの役割を、学校長、教頭、生徒指導担当者、SSWrの間で確認していった。 **学校の取り組み** 　学校が行うこととして、次のようなことを話し合った。 ・ケース会議の定例化と子どもの背景に適した対応の実践 ・小学校とのケース会議と小学校との連携の日常化。6年生の「気になる子ども」についての丁寧なアセスメントの引き継ぎと、予防的対応・教育相談機能の活性化 ・教員と子どもたちの対話の機会の設定 ・子どもの参加型の授業の工夫 ・生徒会活動の活性化 ・教職員同士がサポートしあえる職場（学年セクトから全校体制へシステムチェンジを図る。ストレングス・アプローチとチームとしての一貫した指導） ・定期的な保護者会と地域に開いた学校運営等 **校内研修** 　SSWrが、「ケース会議」、学識経験者が、「非行と少年司法」について、研修を行う	生徒指導において、教職員の一人ひとりの意見の反映と合意形成が必要で、本来の生徒指導のあるべき姿が反映された「X中学校の生徒指導の基本」が共通理解されるべきではないかと伝えた。 「おひさまプラン」のねらいは、生じた事件の解決だけで終わらず、学校を基盤として、人々の主体性を活かした楽しい取り組みによる「正の相互作用」が生じること。それによって日常生活での「つながり」の構築が実現し、校区全体が自分らしく生活できる居場所になることであると助言した。 ねらいは広範囲に及ぶため、3年以上継続する取り組みが必要ではないかと提案した。 B民生委員・児童委員には、月に1回ほど会う機会があるため、「おひさまプラン」へのバックアップを依頼してみることを申し出た。また、合意した内容	▶ コンサルタント **Point** 目的の再確認。 **Point** 本来的な学校の役割についての再確認。 **Point** 役割分担。 ▶ コンサルタント ▶ プランナー ▶ イネイブラー **Point** ❶ ミクロからマクロレベルの視点。 ❷ 継続の重要性。 **Point** 学校と地域の橋渡し。 ▶ つなぎ役

事例概要	ソーシャルワーカーによる働きかけ	ソーシャルワーカーの役割とポイント
ことで合意された。 **子どもの活動** 　生徒会が「おひさまプラン」を推進する。子どもたちが手分けして、校内にひまわりを植える庭を造る。ポスター、新聞、家庭まわり等を通して、ひまわりの種を植えてくれる家庭を募集する。 **保護者の活動** 　朝のあいさつ運動や、深夜パトロールに「おやじの会」が協力する。 **地域の活動** 　「おひさまとひまわり」の写真を贈ってくれたB民生委員・児童委員を中心に、地域の人々に向けて庭づくり、苗づくりの協力者を募る。 **（2回目の学校訪問）** 　A市教育委員会の担当者と同行した。「おひさまプラン」をもとに、課題と具体的な行動の方向性を確認するために、学校長、教頭、生徒指導担当、教育委員会担当者、SSWrで話し合い、それを学校長が次のようにまとめた。 　3か年のキーワードは「つながる」（信頼する、支えあう、協働する） ①校区内を「ひまわり」の花でいっぱいにする。小学校と中学校にひまわり畑、家庭に種、高齢者の家庭に種またはポットに植えた苗を配布→X中学校の子どもの小さな運動が発展していくことで、お互いに認めあえるようになる（自尊感情が高まる）。ひまわりの花を咲かすことによって、X中学校区が同じ方向を向いて元気になる。そしてつながっていく。 ②個々の子どもの抱える困難への早期対応のための、ケース会議（アセスメント・プランニング）の定例化。 ③校内システムの定着。	を盛り込んで、「おひさまプラン」を表にまとめることを申し出た。 2回目の学校訪問の際に、SSWerがまとめた「おひさまプラン」を、学校長とA市教育委員会に届けた。 そして、学校の役割が実現するよう、次の視点を確認できるように話した。 ①教育機関としての学校の役割と機能は小学校から続くものであり、連携は欠かせない。 ②厳罰的なかかわりだけでは、子どもの力を引き出せない。子どもの抱える課題をしっかりとふまえたうえで、子どものストレングスに働きかけるのが適切。 ③校内に合理的・機能的な支援・指導システムが必要。 ④子どもの育ちを学	**Point** 子どもの主体性重視。 **Point** 具体的な動きと役割分担を明確にした計画。 ▶ プランナー **Point** 主体性重視・ストレングス重視・自尊感情・自己有用感の向上・相互作用・継続性重視・地域での定着。 ▶ コンサルタント

第4節　学校へのコンサルテーションにより子ども・家庭・学校・地域の主体的なつながりを実現した実践

事例概要	ソーシャルワーカーによる働きかけ	ソーシャルワーカーの役割とポイント
④生徒指導の基本ルールの見直し。 ⑤教育相談機能の活性化。教員の「聴く」スキルの向上。 ⑥学年の壁を越えた「チーム学校」として、教職員同士がサポートしあえる職場づくり。 ⑦生徒（生徒会）と教職員の連携。大人だけでなく、子どもの意見に耳を傾けることが必要。規範意識についても、子どもたちの声かけや生徒集会等での意見交換などが有効。 ⑧小・中連携の推進。 ⑨事件当事者の子どもへの支援、保護者への支援。 ⑩地域における子ども参加の場の創出。	校だけの問題と考えず、子どもの生活の場としての家庭や地域と一体となって考える。 B民生委員・児童委員へ「おひさまプラン」への協力を要請した。そして、「学校長から具体的な計画を聞いて協力してほしい」と依頼した。	**Point** 日頃から構築しているネットワークを活用した学校と地域のつなぎ。 ▶つなぎ役
（「おひさまプラン」の実行） 　学校長が「おひさまプラン」の取り組みのスケジュールについて、具体的な日時を記入し、具体的な取り組みが始まった。教職員による「生徒指導の基本ルールの見直しについて」は、何度も議論を重ね、全教職員の合意を得ての「X中学校の生徒指導の基本」ができあがった。小学校とも話し合い、小・中の指導方針の共通項を決めた。同時に、「おひさまプラン」は、小学校も含めた合同計画となった。なお、9月にSSWrによる「ケース会議について」の校内研修を開催、その後「非行と少年司法」の研修会も開催された。	「ケース会議」について、校内研修（アセスメント・プランニング、チームアプローチ重視）を行った。	**Point** ❶ 関係者の合意形成。 ❷ 担い手を増やす視点。 ▶教育者
（途中経過） 　その後、学校長、教頭、生徒指導担当者とSSWrは、2度ほど、計画実行の進捗状況について確認しあった。全教職員の合意による生徒指導方針の一致は教職員の同僚性にもよい影響があったとのこと。	子どもたちと教職員との協力等を評価し、適時助言した。 A市民生委員・児童委員への研修会の冒頭で、X校区の「おひさまプラン」の取り組みと、民生委員・児童委員の大きな役割についてふれた。	**Point** 定期的な評価と課題対応。 ▶コンサルタント ▶調査者 **Point** 活動の発信。 ▶イネイブラー

事例概要	ソーシャルワーカーによる働きかけ	ソーシャルワーカーの役割とポイント
(9か月後) 　SSWrに、X中学校から派遣依頼があった。SSWrが訪問すると、学校長が「ひまわりの種」10粒ほどと、育て方の説明用紙が入った小袋を見せてくれた。種は全部で10万粒。完全発芽の種を取り寄せたとのことであった。これを、子どもたちと教職員が手分けして校区に配布しており、B民生委員・児童委員は地域住民に働きかけてくれているという。育て方の説明は、大きなプレートで地域にも掲げられていた。学校の事務職員の力作だという。校舎内では、生徒会メンバーたちが、生徒会で募集した生徒作品を飾りつけしていた。 　そのようななかで、事件にかかわった生徒たちに関しては、保護者と学校、または関係機関との協力が進んでいる。Y児は、保護観察処分になり、学校に戻ってきた。保護者と学校との連携や教職員によるサポート体制、学級の子どもたちの受け入れもあり、本人も落ち着いた学校生活を送ろうと努力した。保護司との連携も始まり、新年度からも、引き続き支援を続けていくという。ケース会議も、生徒指導担当者が中心となって行っているという。 **(1年後)** 　SSWrに、X中学校から派遣依頼があった。「おひさまプラン」の報告とふりかえりだという。学校長、教頭、生徒指導担当者と1年間をふりかえり、取り組みの	また、定例の生徒指導担当者会でも、X中学校区の「生徒指導の見直し」を取り上げ、その意義について感想を述べた。学校長が「おひさまプラン表」に記入した日程に沿って粛々と計画を実行していたことと、その途中経過の成果を目の当たりにし、必ず成功すると確信した。それを学校長に伝え、Y児たち事件の当事者への支援状況を確認し、子どもたちが主体的に学校の新しいチャレンジに参画していること、学校と子どもが1つの取り組みに向き合っていること、それへの地域のバックアップが、すでに大きな力になっていること等、計画遂行の意義を伝えた。 まず、計画内容をすべて実行した学校の力、学校長のリーダーシップを取り上	▶ **スポークスパーソン** **Point** ❶ 定期的な評価と課題対応。 ❷ 成果の言語化。 ▶ **イネイブラー** **Point** 当事者への支援。 ▶ **コンサルタント** **Point** 学校の実行力の評価とエンパワメント。

事例概要	ソーシャルワーカーによる働きかけ	ソーシャルワーカーの役割とポイント
1つ1つについての成果と意義について確認した。 　学校の内外で、たくさんのひまわりがおひさまに向かって咲いている。近くの畑で汗を流しながら、ひまわり談義に花を咲かせる住民の姿がある。花の生育について聞きたいと、学校を訪ねる地域住民もいるという。校内のひまわりの休み中の水やりは、朝は教職員と部活動で登校した生徒たちとが交代で行っている。夕方の水やりは学校長の仕事だ。校長室には、ひまわりの写真がたくさん集められていた。住民の希望によって、「ひまわりフォトコンテスト」も始まり、「ひまわりマップ」も作成中という。地域は想像以上の盛り上がりで、「おひさまプラン」にかかわって、学校への住民の出入りが増え、子どもたちとの日常の交流も増えたそうである。そのようななかで、お祭りやボランティア活動等、地域の取り組みに主体的に参加する子どもたちも増え、学校生活全般における落ち着きと笑顔が印象的である。全国学力学習状況調査では、5つの項目（「自分には良いところがある。」「いじめは絶対にいけない。」「自分の行動や発言に自信をもっている。」「将来の夢や目標をもっている。」「友だちにうまく伝えることができる。」）の得点が上昇した。 　「大小さまざまであるが、おひさまに向かって一生懸命咲くひまわりを育てる心は、個性を生かしながら、共に明るい未来を目指す子育てと似ており、子どもたち1人1人をみなで丁寧に育てていくことの大切さを改めて考える機会となった」と学校長は言った。1年間の取り組みを通した学校長の言葉に込められた、さまざまな思いを共有した。 　A市生徒指導担当者会では、X中学校の	げた。最も大きな成果は、子どもたちの主体的な動きと自尊感情等の向上ではないかと伝え、教育の場の意義を話し合った。 また、地域住民の力についても、改めて共通理解し、生活の場の意味を確認し合った。 次の①から③の交互作用が次々に生じていることを確認した。 ①子どもたちの自尊感情、倫理観、将来への展望、つながる力の向上。 ②教職員のチーム力の向上。 ③地域住民の参画。 3年計画の「おひさまプラン」の次年度への準備も進める必要があることを念押しした。	▶イネイブラー **Point** 地域のなかにある教育現場としての達成感の共有。 **Point** 次年度の取り組みへの働きかけ。 ▶コンサルタント **Point** 定着化と継続、発展へのバックアップ。 ▶イネイブラー

事例概要	ソーシャルワーカーによる働きかけ	ソーシャルワーカーの役割とポイント
生徒指導担当者が「おひさまプラン」の紹介を行った。 **(その後)** 　3年の間に学校長も教職員も異動したが、「おひさまプラン」は、X中学校区のスタンダードとなって定着し、4年目には、「おひさまプラン」への取り組みが当該都道府県教育委員会から表彰された。5年目は、住民からの助言で、校区全体で大輪のひまわりの栽培にチャレンジした。また、地域住民によって子ども食堂もつくられ、校区のニックネームを、「おひさま校区」にしたいという地域からの要望も出ているという。	X中学校の校長や、B民生委員・児童委員と出会ったときは、X中学校区の取り組みや「おひさまプラン」について情報共有している。	

第4節　学校へのコンサルテーションにより子ども・家庭・学校・地域の主体的なつながりを実現した実践

実践のまとめ

　この事例は、子どもが安心して自分らしく成長できることを目的に、子どもの生活の場である学校、なかでも学校のキーパーソンたる学校長等へ働きかけることによって、子どもの抱える問題の改善のみならず、ミクロ・メゾ・マクロの領域に大きな変革が認められ、それらの相互作用によって、「つながり」が構築され持続し発展している事例である。なお、SSWr がかかわった期間は1年間である。

　学校は子どもの生活の場であり、常に交互作用が生じている場である。また学校は、地域の中に存在している。そして、家庭もまた子どもの生活の場であり、地域に存在している。個別支援は、組織や集団のあり方、言い換えれば人的環境のあり様に左右されるため、SSWr には、子どもを中心位置に定めながら全体を俯瞰する視点と、問題点の整理、プラスの交互作用発生の見通しが必要とされる。支援の重点は「エンパワメント」「関係者それぞれの主体性」「ストレングス・アプローチ」である。

　学校ソーシャルワーク専門職としては、学校が子どもにとって通いたくなる楽しい場であることが第一と考える。そして、その学校の存在する地域が誰にとっても優しいものであり、個々の家庭が子どもを癒やしてくれる温かい家庭であり、それらがそれぞれに影響し合って、子どもの理想的な環境を形成することを理想とする。したがって、子ども、家庭、地域すべてにかかわることができる学校を交互作用の起点とし、学校の核となる学校長等へ働きかけたことは理にかなっていたといえるのではないだろうか。この事例への関与では、SSWr がジレンマや矛盾を感じることなく、計画通りの取り組みが進んでいった。その要因として最も大きいのは、学校と地域に課題意識が高まっていたことであると考える。そこに SSWr がかかわったため、助言や提案への受け入れがよかったのではないだろうか。そして、SSWr は計画立案の協力者の立場で前面に出ず、学校を中心とした取り組みを後方でサポートすることに徹したことが幸いしたと考える。具体的には、側面的援助機能を発揮したコンサルテーションが主たる活動であったが、それによって、子どもにも大人にも「自分たちの取り組み」という意識が急激に高まっていったことは明らかであった。

　毎年引き継がれ、新たな取り組みが学校と地域で議論され展開されている状況をふまえると、「おひさまプラン」は、学校を基盤とした地域の「つながり」という大きな社会資源を、住民自らの力で創出しているといえる。子どものウェル・ビーイングの増進に向け、直接的あるいは間接的に学校・地域の主体性に働きかけた SSWr の支援は、人々のエンパワメントに役立ったのではないだろうか。

編集委員のコメント

　事件当事者やそれによって影響を受ける子どもたちが属する学校や地域が、子どもたちに

とって自分らしく生活できる居場所となることを目標に、主な介入のターゲットシステムを学校とした実践である。この実践で最も重要なのは、的確な学校と地域アセスメントのもと、子どもたち・家族、学校・教育委員会、地域といったそれぞれの交互作用を見定めたうえで、子どもたちのウェル・ビーイングの増進という目的を見失うことなく、ひまわりをシンボルとして活用し、それを介して相互対話と主体的な活動等を促進する多様な機会を創設すべく、主に学校へのコンサルテーションとエンパワメントを継続したことだといえる。このような実践が、「おひさまプラン」の創設に直接かかわった学校長やSSWr等がX中学校区からいなくなった現在でも、継続および深化して、子どもたちの育ちを支える地域づくりにつながっていると考えられる。

● **組織課題等の解決に向けた実践プロセス**
（図 2-4「地域課題等の解決に向けた実践プロセス」（48頁）をもとに作成）

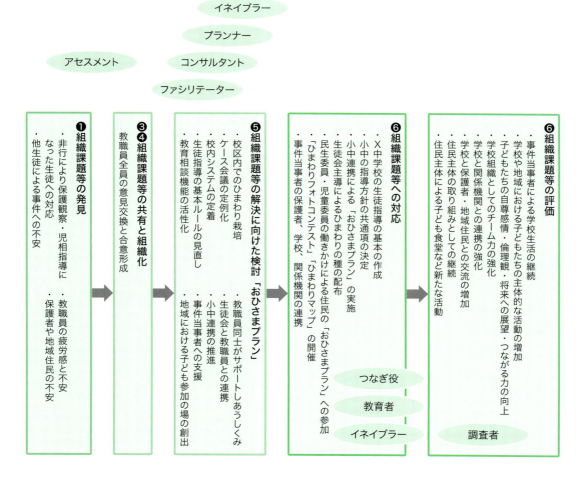

第5節 社会的孤立・排除の解消から生きがいを生み出す地元商店街との協議の実践

種別	機能強化型在宅療養支援診療所
地域	人口49,000人（高齢化率　約27.9％） 日常生活圏域（中心市街地：高齢化率約25％・農村過疎地域：高齢化率約35％の5圏域）
組織体制	医療法人社団として4つの事業所を運営している。 機能強化型在宅療養支援診療所：常勤医師4名、看護師2名、事務職員5名、社会福祉士1名。居宅介護支援センター：社会福祉士及び介護支援専門員1名。訪問看護ステーション：看護師7名（うち緩和ケア認定看護師1名）、言語聴覚士1名、理学療法士1名。ホームヘルパーステーション：介護福祉士6名。

組織内の役割

「住み慣れた地域で最期まで生ききる生を支える」という法人理念のもと、診療所における医療ソーシャルワーカーとして、また、居宅介護支援センターのケアマネジャーとして、患者等の各ライフステージにおけるニーズを把握し、各社会資源等（システム）をシームレスにつなげるための「ツナギ役」を担っている。また、地域における多岐にわたる活動のなかから、専門職間の連携だけではなく、住民視点に立ち、地域において、地域包括ケアシステムが不足している地域課題等を各種相談事例から抽出し、地域課題の明確化を図るとともに、地域における「社会福祉士」の機能と役割を普遍化・言語化し続けている。

○ 実践の概要

　地域包括ケアの構築の推進において、地域住民が自ら「Aging in place」（最期までこの街に暮らす）という考え方が十分に浸透していないという地域課題をふまえ、医師と社会福祉士がありとあらゆる困りごとの相談を受ける場である「相談外来」において、ニーズを把握して支援を開始する。医療保健福祉制度のフォーマルサービスをはじめ、NPO法人や企業の事業、自治会や町内会、婦人会等のインフォーマルなサービスが有機的につながることによって、地域からの偏見や孤立が解消され、在宅生活の継続が可能となる。

　また、医療・介護サービス等の利用が必要な人を早期に発見するため、「買い物」に着目して、移動販売を行う企業と協働して、移動販売の担当者が地域住民の困りごとを把握した場合、当診療所の社会福祉士に連絡が入る体制を構築した実践事例である。

● 本事例のエコマップ

支援開始前

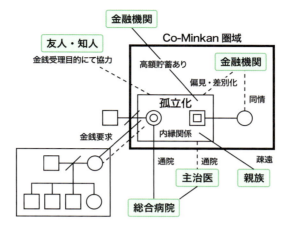

この世帯全体を俯瞰してつなぐ役割を担う「ツナギヒト」の存在により、医療保健福祉制度ごとのフォーマルサービスと地域の商店や企業の事業者、町内会、地域住民による見守り支援等のインフォーマルなサービスが有機的につながる支援体制ができた。介入前は、この世帯は地域から孤立していたが、必要なサービスを必要なときにAとB自らが選択し、サービスを受ける事ができる分野横断的な「我が事・丸ごとの体制」が構築された。AとBは住み慣れたこの地での生活を継続することができている。

介入後

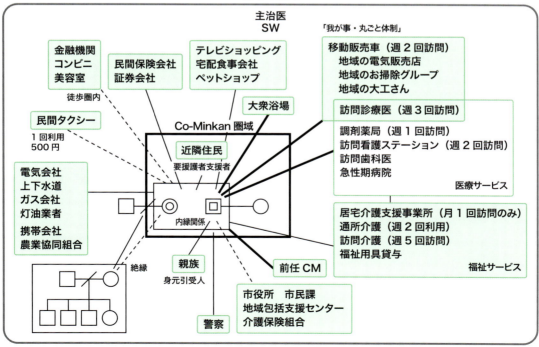

第3章 ソーシャルワーク実践事例 115

事例概要	ソーシャルワーカーによる働きかけ	ソーシャルワーカーの役割とポイント
＜相談外来：インテーク＞ 　ありとあらゆる困りごとの相談を受ける場として「相談外来」を設置し、医師と社会福祉士が対応を図っている（相談時間は30分〜90分程度、費用は無料）。当該地域において、この相談外来を行っているのは当法人のみである。実際に利用に至った方からは非常に好評をいただいているが、この取り組みが地域全体に周知されていないことが課題であった。 　Aは、長女とともにC医療機関からの診療情報提供書を持参して、突然来院した。 　Aは、乳がん・両側肺転移、癌性胸膜炎のため予後半年との説明を受けていた。今後は、積極的治療を継続するのではなく、緩和ケア目的の訪問診療で対応をお願いしたいとのことであった。 　Aと内縁関係にあるBは、糖尿病があり透析治療をしなければならない身体状況であり、長年通院をしてきたD医療機関に通院していた。Aの長女にD医療機関までの受診の送迎を依頼していることから、Aとともに当診療所の訪問診療へ切り替える旨の希望があった。	地域におけるあらゆる困りごとを把握する場として「相談外来」を設置し、相談支援の役割を担うことで、ニーズを把握につながる。 相談者と面接し意向を確認するとともに、情報収集し、訪問診療の仕組みについての情報提供を行う。 相談外来の趣旨を説明したうえで、アセスメントを行った。	▶アウトリーチ **Point** ❶ 地域に開かれた相談窓口の設置。 ❷ 住民への広報。 ❸ わかりやすい情報提供。
＜初回訪問＞ 　医師、診療看護師、社会福祉士が訪問。 　AとBが暮らす地域は、昔ながらの地域でのつながりが、よくも悪くも強い地域である。近年は、近所付き合いが煩わしいという理由で若者世代が中心市街地に流出していく傾向にあり、最近は急激な過疎化が問題となっている。 　AとBは内縁関係にあり、地域からは「Bには妻がいるにもかかわらず、Aに家まで建てた、どうしようもない奴ら」といった差別的な扱いを受けており、孤立している世帯であった。ABともに「誰にも頼りた	初回訪問時は、必ず医師の前に社会福祉士が訪問し、医師を一緒に迎え、緊張を解きほぐしている。ときには、地域住民に対してあいさつをし、何かあれば当方に連絡を頂くようお願いをする。 AとBの生活空間に訪問することで、信	▶アウトリーチ ▶アセスメント ▶イネイブラー ▶仲介者 ▶ケースマネジャー ▶教育者 ▶アドボケイト **Point** ❶ 訪問機能。 ❷ 生活場面へ出向くことでの信頼関係の構築。

事例概要	ソーシャルワーカーによる働きかけ	ソーシャルワーカーの役割とポイント
くない」「人は信頼できない」といった感情表出が強くみられる一方、「人と話をすることは好きだけど誰も来ない」といった寂しさを感じさせる言葉も聞かれた。 　予後半年と説明を受けたAは、今後の自分がどうなっていくのかといった不安が強く、自分の死後にBが妻の家に戻るのではないかといった不安の感情も見え隠れしていた。一方で、定期的に大衆浴場に来る歌謡歌手の歌を聴きに行くことを生きる活力にしているといった話も聞かれた。 　Bは「先生に家に来てもらうと、お金が高くつくがじゃないか」と言い、経済的負担の増大を心配していた。 　Aは、以前より浪費する傾向があり、Aの国民年金とBの厚生年金では生活費が不足し、Bの貯蓄を切り崩してやりくりをしている状況にあった。さらには、Aの長女の子（孫）が年金支給日だけAとB宅に訪問し、お小遣いと称して1度に数十万を要求しており、そのたびにBの貯蓄から渡していた。AとBの世帯の支出の大半が、食費・娯楽費・孫への援助となっていた。	頼関係の形成につなげる。生活空間のなかで、AとBの生活の雰囲気を感じ、AとBが大切にしている「ものがたり（ナラティブ）」に傾聴する。 AとBそれぞれのニーズを把握し、課題を分析する。 生活上の困りごとを把握し、必要な制度（介護保険）につなぐ準備を整える。 経済的な課題から医療費負担額の説明及び高額療養費制度の説明を行う。	❸ クライエントと環境との間で起こっている生活課題について整理。 ❹ クライエントの「語る力」を引き出す働きかけ。
＜介護保険サービス導入に向けての訪問＞ 　介護保険サービスの導入に向けて、再度訪問して、生活上の課題を把握する。 ・Aが中心となって行っていた家事動作（調理・洗濯・掃除・買い物・ごみ出し）が十分に行き届かない状況であった。 ・外出する際などは、これまでAの長女に運転をお願いして買い物や用事をすませていたが、Aの長女への手間賃の支払いのほうが高額になり経済的に負担が重い。 ・Bは食事療法が必要だが、好きなものを好きなだけ食べている。自宅内で、寝て起きての繰り返しで活動量が少ない。 ・AとBは入浴が十分できていなかった。	初回訪問後も週1回の訪問を行い、AとBのニーズの掘り起こしを継続し分析を行う。 介護保険制度の情報提供を行い、制度利用の同意を得る。 信頼がおける介護支援専門員につないだ。サービスを利用した際の経済的負担額についての説明を	▶アセスメント ▶仲介者 ▶ケースマネジャー ▶教育者 ▶アドボケイト **Point** ❶ 生活課題についての整理。 ❷ 今後起こりうる生活上のリスクの評価。 ❸ 介護保険制度だけではなく、生

事例概要	ソーシャルワーカーによる働きかけ	ソーシャルワーカーの役割とポイント
訪問を繰り返すことで、これらの課題が浮かび上がってきた。はじめはAとBともに、これらの課題に対しては「自分たちではどうしようもない」と頑なだったものの、「どうにかできないものか。あなたの言うことなら聞く」とAとBの口からも、生活のしづらさを解決していきたいという気持ちへ変化がみられるようになった。	AとBに行い同意を得る。さらには、経済的負担を最小限に抑えるために、介護支援専門員と共同し対応を図る。また、繰り返し訪問することで、課題解決に向けた動機づけを行う。	活全般の支援も視野にいれた体制の構築。 ❹ 丁寧なかかわりにより、当事者自身の変化（問題を解決していきたいという想い）を引き出す。
＜介護保険サービス利用後モニタリング訪問＞ ・利用開始サービス A：訪問介護・訪問看護・福祉用具貸与 B：通所リハビリ・訪問介護 　長年、地域から孤立せざるを得ない環境下で生活をしてきたAとBから「皆に一生懸命に動いてもらってありがたいがや」と感謝の言葉が聞かれた。一方で、予後半年と説明を受けた時点から3か月が経過したなかで、「だけど、2人してこれからどうなっていくのかが不安だ」と話していた。 　AとBが知り合ったきっかけは、次のようなものであった。Bが会社の同僚と行った店で注文をしたものの、なかなか料理が出てこず、苦情を言ったのがAだった。Aは料理長へかけあってくれたが、料理長から「他にも客がいる」と怒られた。これを見て、こりゃ可哀想なことをした。なんか責任とって面倒をみてやらんなんと思って付き合いはじめた、ということであった。 　当初は、Bの自宅で何年か一緒に生活をしていたこともあったが、親戚から「いつまでいるの」と言われてアパートで生活をするようになった。しかし、家賃を払い続けるなら自宅を建てたほうがいいと考え、Bの土地に家を建て、現在に至っている。 　当初から近所の人にあることないことを	専門職の介入が増えたことに関しての精神的フォローを実施し、介護支援専門員と情報の共有を図る。 残された時間が短くなっていくなかで、AとBが感じる「これまでの人生（ものがたり）」に傾聴するとともに、AとBらしく過ごすことができるようにかかわりを模索し、必要な資源につなぐ。 Aの長女の存在が経済的な負担の大きな要因となっているため、自分たちの生活を優先したうえで金銭管理を行っていくとともに、Aの長女が利用できる社会保障制度について情報提供を図る。	▶ 調査者 ▶ イネイブラー ▶ 仲介者 ▶ アドボケイト ▶ コンサルタント **Point** ❶ 支援者がかかわることによる生活の変化に対するフォロー。 ❷ 潜在化している課題への対応。 ❸ クライエント自身の「力」を引き出す働きかけ。

事例概要	ソーシャルワーカーによる働きかけ	ソーシャルワーカーの役割とポイント
いわれ、白い目で見られて後ろ指をさされて、とてもたいへんだった。その当時は自宅に犬が7匹いたが、吠えるたびに近所の人に怒られて、毒を犬になめさせようとするなどの嫌がらせをたくさん受けた。あのときは泣く泣く犬を処分した。 　また、Aの長女も心配である。婚姻関係のままではあるが、夫から暴力を振るわれて、実質は離婚状態となっている。子ども4人を育てるのに、いつもお金がないといって、Bに金銭を要求してくる。B自身がこれまで貯めてきたお金等は全部Aの長女に渡している状態であった。 　来年の誕生日までは元気でいたいとも思っていると、これまでの「ものがたり」を涙ながらに話される。 　「地域の人は見て見ぬふりやけど、この診療所に出会えて、みんないい人ばかりで安心している。人の手を借りていくのも悪くはない」。Aの長女が「病院に入院したら、ベッドから窓の外を眺めるだけだから、自宅に帰って好きなことをすればいい」と言ってくれた。 　「本当にその通りで、体調がよかったら、畑に出たりして季節を感じられる」と、Aの長女に対する感謝の気持ちも垣間見える。		
＜インフォーマルなサービス調整＞ 　介護保険サービス等のフォーマルなサービスの調整をしたが、それだけではAとBの世帯のニーズを充足することは困難な状況であった。特にAからは「訪問介護の方に依頼をするのではなく、自分自身で商品を選んで買い物をしたい」という希望があった。訪問介護による買い物代行ではニーズの充足が難しい状況であったが、老舗のスーパーが移動販売を開始したことから、週に2回の利用の調整につなげること	フォーマルな介護サービスでは対応することが難しい生活支援ニーズを把握し、ニーズを充足するために、既存の社会資源に働きかけをした。定期的な移動販売によって生活支援ニーズを充足	▶ イネイブラー ▶ オーガナイザー ▶ ファシリテーター ▶ ケースマネジャー **Point** ❶ 地域のサービスの社会資源化。 ❷ 社会資源の活用によりクライエン

第5節　社会的孤立・排除の解消から生きがいを生み出す地元商店街との協議の実践

第3章　ソーシャルワーク実践事例

事例概要	ソーシャルワーカーによる働きかけ	ソーシャルワーカーの役割とポイント
ができた。Aが自らほしいものを購入し、調理を訪問介護に依頼することで、AとBの世帯のニーズを充足するとともに、Aの力を引出すことにもつながった。また、業者を中心に「住み慣れた地域で最期まで暮らしていくことのお手伝いをしたい」この想いでつながったインフォーマルなネットワーク。地元商店の店主、農業関係者、金融関係者等がゆるくつなぎ合うことによって、家電修理や家屋の修繕などにも対応することできるようになった。さらには、フォーマルサービス（訪問診療、訪問介護）の定期訪問以外の曜日とインフォーマルな支援を組み合わせることで、体調等変化を把握するなどの見守り支援体制を構築する。 **＜予後半年を経過したときに…＞** 　毎日のように専門職がAとB世帯を訪問し、出入りをすることによって、地域住民もAとBを気にかけるようになり、地域住民が自ら見守りをするようになった。 　予後半年という説明を受けてから半年が経過したが、常に楽しみを見出して前向きに生活を楽しむ様子がみられる。 ・Aが楽しみにしている大衆浴場の歌謡ショーに、最も信頼している主治医・看護師・介護支援専門員・社会福祉士と一緒に行き、楽しみを共有したり、開通した新幹線に乗って旅行に行ったり、大好物の鮎を食べに行ったりした。 　「死」に対しての恐怖や不安より、「生」に対する気持ちが強く感じられるようになった。AとBから連絡があり、自宅に訪問した。「今日で、先生に言われた半年が過ぎたけど、まだ生きている。これも、みんなのおかげだと思う。ありがとう。寿司が食べたい。みんなで食べたい」と感謝と希望を話す。病状がよくなったわけではないが、	する。 また、インフォーマルな資源をつなぎ合わせることによって、見守り支援体制の構築を図る。 地域住民に対して、あえて義務的にお願いするのではなく、出入する際のあいさつを介して地域住民の意識や行動の変化を促す。 継続的に、がん末期の突然の症状進行を見据えた対応と、疎遠な娘に対してのフォローを行い、AとBとAの長女の調整や各種行政手続きを代行するなどして、社会資源の活用を図る。 AとBの語る「ものがたり」を共感し、信頼関係を形成しながら安心感の醸成を図る。	トシステムの変化を図る（クライエントのエンパワメント）。 ❸ 地域の見守り体制の構築。 ▶ ケースマネジャー ▶ イネイブラー ▶ アドボケイト ▶ オーガナイザー ▶ つなぎ役 **Point** ❶ 支援者の行動が住民の意識の変化を促す。 ❷ クライエントと家族に寄り添い、終末期の準備。 ❸ ソーシャルワーカーの所属組織（医療機関）の強みを活かした支援。

事例概要	ソーシャルワーカーによる働きかけ	ソーシャルワーカーの役割とポイント
今日もAとBは喧嘩をしながらも笑顔で在宅での生活を続けている。 ・自宅で採れた野菜を収穫して、訪問してくれた人に食べてもらうことが楽しみ。 ・近所の人と話をするのが楽しみ。 ・外出しておいしい物を食べることが楽しみ。 ・この小さな城（自宅）でBと一緒に暮らすことが幸せ。 ・みんなが毎日のように来てくれるのが、こんなにも幸せなことだとは思わなかった。 ・不安になったら、いつでも話を聴いてもらえる。ありがとう。 ・生きていることが幸せ。 　これまで地域から差別され・孤立してきた世帯が地域と関係を再構築し、生活を継続することができた。		
＜地域づくりへの展開＞ 　専門職が積極的に地域に働きかけると、地域住民のなかには、それを負担に感じて専門機関に相談しづらくなる人がいることを、相談外来等を通して地域課題として把握していた。今回の事例を通して、生活のしづらさを抱えている地域住民がいた場合に、「買い物」という日常生活にかかわっている移動販売の業者から電話連絡が入る体制を構築した。さらには、当該業者が構築している地元商店等と複合的なネットワークを構築し、ネットワークを活用して、さまざまな生活支援ニーズに対応することができる社会資源の開発につなげた。 　電話連絡だけではなく、実際にフォーマルな介護保険サービス等で対応することが困難な場合には、インフォーマルなサービス（除雪作業や除草作業、住宅内の大掃除、ゴミ出し、安否確認など）として活用することにつながっている。	AとBの世帯の支援を通して、移動販売業者及び企業等と協働することによって、インフォーマルな社会資源のネットワーク構築を図る。インフォーマルなネットワークでは対応することが困難な専門的な相談に対応することができるように、連絡体制の構築を図る。	▶ケースマネジャー ▶イネイブラー ▶仲介者 ▶アドボケイト ▶オーガナイザー ▶コンサルタント **Point** ❶ インフォーマルな社会資源も含めたネットワークの構築。 ❷ フォーマル、インフォーマルなネットワークの構築による社会資源の再構築と開発。

実践のまとめ

　AとBの世帯は、地域からの偏見や孤立から生きづらさを抱え、苦しんでいたなかで、Aが乳がんによる「余命半年」との宣告を受け、介入となった。「どこに相談していいのかわからない」「『わからないことがわからない』ことをだれもわかってくれない」「どうせ、また話を聞いてもらえない」「でも、生きたい！」「助けてください」という言葉は、これまでの心の傷を象徴していた。

　介護保険制度、医療保険制度などの既存のフォーマルなサービスだけではなく、企業等のインフォーマルな社会資源を活用するとともに、定期的な訪問とあいさつを介して、AとBの世帯と地域住民との関係修復を図り、偏見や孤立の解消につなげた。

　生きづらさを抱えたAとBが求めていたのは、これから生きていくうえでの「安心」であり、波乱万丈だった自分たちの「ものがたり」に耳を傾けてくれる存在であった。AとBの生きる力を支え、強化することで、AとBが希望する生活の継続につなげ、地元企業等と協働して、地域で生活課題を発見する仕組みを構築した実践である。

編集委員のコメント

　地域のなかで孤立しているクライエントに寄り添い、クライエントの支援を通じて地域の関係（システム）を変化させていった事例である。本事例の実践者は公的な相談機関ではなく、（民間の）医療機関に設置された、地域に開かれた相談室である。地域共生社会を実現していくための担い手は、公的な相談機関のみならず、さまざまな機関で担えることを示している。

　本実践のクライエントは、さまざまな理由により地域から孤立していたが、支援者（専門職）がかかわり、フォーマルな、あるいは地域のインフォーマルな社会資源の活用を通して、地域資源の再構築（あらたな支援ネットワークの構築）を行った。この過程で、地域との関係が変化していった。

　支援者である専門職の姿が地域に影響を与え、地域の変化を促していったと考えられる。見方を変えると、地域のなかで「困った住民」を支援していくことは、周囲の「困っている住民」の安心感につながり、結果的に、支援者に対する信頼が地域住民から生まれているといえないだろうか。この関係は、クライエントの支援を通じた地域支援というととらえ直しができると考えられる。地域住民は安心して生活できる環境を望んでいると考えると、その安全を脅かすものを、一方で「排除」するという側面をもっている。問題の解決を「排除」で解決できないことについて、問題を抱えながらも地域で生活し続ける関係に変化させていくソーシャルワーカーの役割も、本実践では示している。また、地元企業等と協働していく関係づくりは、地域の福祉力の開発や強化、地域の基盤づくりへとつながっていくと考えられる。

● 「個別課題解決に向けた実践」と「地域課題等の解決に向けた実践」の循環図

個別課題解決に向けた実践

ミクロレベル
「生きたい」「助けてほしい」「相談できる存在がいない」

Aが体験している課題
- 乳がんによる予後半年の宣告
- 「死」に対しての不安や恐怖
- 積極的治療から緩和ケアへの移行
- 頻繁な金銭要求をしてくる娘の存在
- 経済的困窮
- 家事動作の負担増大
- 内縁関係
- 地域からの孤立・疎外感

Bが体験している課題
- 糖尿病・腎不全による不安定な病状
- 将来的な漠然とした不安
- 自家用車運転での通院困難
- Aに依存した生活
- 経済的困窮（貯蓄を切り崩す生活）
- 高齢になった自分に対しての不安
- 内縁関係のAと妻との存在
- 人間不信

地域から孤立状態

メゾレベル
「敷居が高い！」

組織が体験している課題
- 「訪問診療はお金が高い！」正しい理解が得られていない
- 「相談外来」の周知不足
- 関係機関との連携課題

マクロレベル
「過疎化・高齢化」

地域が体験している課題
- がん末期になれば病院で最期
- 内縁関係は汚らわしい
- 公共交通機関が不便
- 日常生活圏域だけで生活困難
- 訪問診療医が不足
- 介護が必要になれば「施設」

「住み慣れた地域で過ごすことができる？」

- ▶ ファシリテーター
- ▶ オーガナイザー
- ▶ マネジャー

- ▶ ファシリテーター
- ▶ オーガナイザー
- ▶ マネジャー
- ▶ アドボケイト

- ▶ コンサルタント
- ▶ アドボケイト
- ▶ 教育者
- ▶ 仲介者
- ▶ ケースマネジャー

課題解決
- Aging in piece 住み慣れた地域で暮らすことの実現
- 包括的な相談体制の構築
- 「安心」して暮らすことができる体制構築
- 自家用車を利用しなくても日常生活ができる体制構築
- 自分らしく「生きる」ことができる

組織力の強化
- 地域でのサロン活動に参加（在宅医療のお話・制度のお話）
- 連絡先（相談窓口）のチラシ作成
- 関係機関との頻回な情報共有の実施
- 地域住民との情報共有の場を設ける

地域力の強化
- 移動販売車の確立
- インフォーマルサービスの充実
- 近隣住民によるケアネット活動
- 民生委員の活動強化
- 地域サロンの充実

地域課題等の解決に向けた実践

地域課題
- 在宅療養に抵抗がある地域住民が多い
- 家族・介護者をはじめ地域住民による支援力の低下

- ▶ 仲介者
- ▶ つなぎ役
- ▶ オーガナイザー
- ▶ ファシリテーター

地域課題の軽減・解決
- 移動販売事業者と協働して、地域住民の身近なところで生活課題を発見する仕組みを構築

マクロレベル

第5節 社会的孤立・排除の解消から生きがいを生み出す地元商店街との協議の実践

第6節 多様な働きかけによる世論喚起と現実的な要求で刑法改正を実現した実践

- **種別** 非営利組織
- **地域** 首都圏
- **組織体制** 4団体（特定非営利活動法人1、非営利組織3）により構成
- **組織内の役割**

筆者は、性暴力撲滅を目指した啓発活動を手がける特定非営利活動法人Aの理事長である。本プロジェクトは、当団体のほか、さまざまな性別の第4世代若手フェミニスト、社会派アートグループB、刑法が性暴力の実態に見合った法律になるよう勉強会の開催や意見の発信を行う団体C、日本で暮らす女性の「声の出しにくさ」に焦点をあて、日々経験している暴力等を言語化し、共有し、具体的な社会変化につながる行動を起こすことで、自分らしく生きられる世界を目指す団体Dの4団体により構成されたプロジェクトである。なお、本プロジェクトでの社会福祉士は筆者を含め2名である。

◯ 事例の概要

本事例は、ソーシャルアクションにより、刑法性犯罪処罰規定の改正を後押しすることができた事例である。

刑法性犯罪処罰規定は「父、夫の所有物である女性の貞操を守る（傷物にされるのは一家の恥）」という考え方にもとづき、1907年に制定されてから110年間、抜本的な改正は行われてこなかった。戦後、法のもとでは男女平等となり、特に1970年代以降は、「性的人権」という概念が浸透してきた。社会福祉関連法においても、「性的虐待」という用語が登場するようになった。こうして刑法が定める「性犯罪」と、市民が考える「性暴力」との間に、かい離が生じることとなった。

2014年9月、松島みどり議員が法務大臣就任会見時に刑法性犯罪の厳罰化に言及したことから、法務省に改正を議論する検討会が設けられた。法制審議会、国会での議論を経て、2017年6月の衆議院ならびに参議院本会議で、超党派の賛同により可決。7月より施行された。

この過程において、「2017年通常国会での改正の実現」ならびに「改正を後押しする世論形成」を実現するために、私たちは2016年9月に、4団体からなるプロジェクトを立ち上げた。そして「アンケート」「署名」「グループワーク」といった、社会福祉の分野で古くから使われてきた手法と、「デザイン戦略」や「アート」といった、他分野の手法を、効果的に組み合わせて実践したことにより、改正ならびに「3年後の見直し検討」という、大きな成果を得ることができた。本節では、10か月にわたる活動を紹介する。

● 本事例のエコマップ

支援開始前

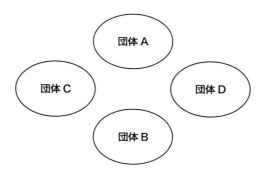

各団体に所属するメンバーのみで活動を展開していた。各団体のストレングスを活かしたプロジェクト立ち上げ、アンケート、オンライン署名、イベント等を通じて、刑法改正に向けたソーシャルアクションを行う仲間を増やした。多くの声が国会に届いたことで、超党派の国会議員が、2017年通常国会で刑法改正可決成立ならびに附則・附帯決議の採択に向け、一致団結する動きにつながった。

介入後

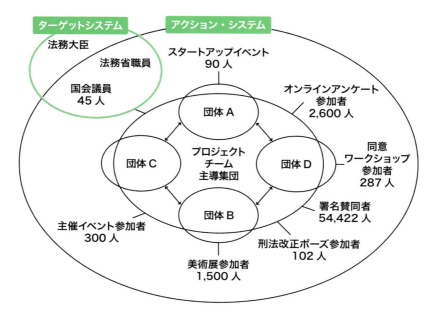

事例概要	ソーシャルワーカーによる働きかけ	ソーシャルワーカーの役割とポイント
(2016年9月：プロジェクト開始) 　市民が考える「性暴力」と、刑法が定める「性犯罪」とのかい離による、弊害への対応を検討することを目的に、4団体による初の顔合わせを行った。刑法性犯罪とロビイングに関する勉強会、ならびにプロジェクトの目標として「2017年通常国会での刑法性犯罪改正の実現」と「改正を後押しする世論形成」を設定する。	それまで個別に関係のあった4団体のコアメンバーが一同に介し、「ビジョン共有」ならびに「相互理解」を図ることができるように、声かけを行った。	▶ アセスメント ▶ つなぎ役 ▶ プランナー ▶ ファシリテーター **Point** ❶ 既存団体の連携。 ❷ 主導集団の形成。
(2016年10月：アンケート調査による実態把握) 　刑法が性暴力の実態に対応できていないことを明らかにするために、性暴力の認識に関するアンケートを開始する。 　「1. おどされた」「2. だまされて、連れこまれた」「3. 夫婦間」「4. 親子間」「5. 上司に無理矢理」「6. 酔って意識をなくした」それぞれのシチュエーションについて、「その後襲われた」場合、「性暴力である」と思うものはどれかを尋ねた。オンラインの	アンケートは文字だけであることがほとんどだが、イラストを使い、親しみやすく、わかりやすい表現を心がけたことにより、SNSを通じて拡散された。 回答者には、日本の刑法ならびにアメリカ・イギリスでは、どれが性犯罪に該当するかを示し、理解を深められるよう工夫した。	▶ アセスメント ▶ 調査者 ▶ 教育者 **Point** ❶ わかりやすいアンケート。 ❷ アンケートの教育的機能を活用。 ❸ SNSの活用。 ❹ 課題の明確化。

あなたが性暴力だと思うものはどれですか？
「この後、おそわれてしまいました」by Believe わたしは知ってる

① おどされた

② だまされて、連れこまれた

③ 夫婦のあいだ

④ 親子のあいだ

⑤ 上司に無理矢理

⑥ 酔って意識をなくした

〈性別〉 女・男・その他・無回答
〈年代〉 10代・20代・30代・40代・50代・60代・70代以上

事例概要	ソーシャルワーカーによる働きかけ	ソーシャルワーカーの役割とポイント
ほか、大学の学園祭やコミュニティイベントでも実施。2,600人からの回答を得る。すべての項目で、9割以上が「性暴力である」との回答であった。しかし当時の刑法では、罪に問えるのは1と6のみ、2〜5を性犯罪として立証することは、非常に困難であった。		
（2016年10月：署名の開始） 2017年国会での刑法性犯罪改正を実現するために、「『イヤよイヤよは嫌なんです』性暴力被害者が前向きに生きられる日本に！」と題したオンライン署名を開始する。2017年6月の法務大臣への署名提出時には30,050人、最終的には54,422人からの賛同を得る。	通常署名には、要望のみが簡潔に示されることが多い。本署名では、現行刑法では性犯罪に該当しない性暴力被害者のストーリーを紹介し、改正の必要性を訴えた。その結果、多くの共感を得た。	▶ 教育者 ▶ オーガナイザー ▶ アクティビスト **Point** ❶ 具体的な課題の提示と当事者の声。 ❷ 誰もが関心をもてるキャッチフレーズ。
（2016年10月：ターゲットシステムへの働きかけ） ターゲットシステムである国会議員や法務省職員らが性暴力被害に関して理解を深めるとともに、具体的な対処を理解できるように対話を開始する。当初つながりのある議員は6名であったが、議員から他の議員への紹介をいただき、2017年6月の改正までに、超党派男女45名の国会議員との面会を実現する。 ターゲットシステムとの対話は、利害が相反し、敵対関係を生み出しやすい。私たちは、現行刑法では性犯罪に該当しない性暴力被害者が自らの経験を語ることにより、問題を明確にした。また、議員からの要望にできる限り答え、改正案に含めることができなかった論点については、附帯決議に盛り込むよう、「簡潔な要望書」等を	性暴力被害者の声を直接伝えるために、当事者に国会議員らの前で語ることの重要性を伝え、エンパワメントした。また対話後の心身のフォローも行った。国会議員等がすぐに活用できるように、現実的で簡潔な要望書案の作成を主導した。	▶ アセスメント ▶ スポークスパーソン ▶ アドボケイト ▶ アクティビスト **Point** ❶ 現実的な要求。 ❷ 課題の可視化・共有。 ❸ 当事者の参加。 ❹ ターゲットシステムへの働きかけ。

事例概要	ソーシャルワーカーによる働きかけ	ソーシャルワーカーの役割とポイント
通じて伝えたほか、運用面での改善を促すよう、「委員会質疑を通じて明確にしたい論点」等を「質問案」として提案した。国会の状況をふまえ、理想ではない、現実的な要求を打ち出したことにより、あらゆる政党からの支持を得た。		
（2016年11月：課題の共有と組織化の開始） 　性暴力における刑法の課題に関する啓発および組織化を行うために、スタートアップイベントを開催する。まず、現行法にもとづく裁判の判決について、性暴力被害者ならびに支援者の視点にもとづき疑問点を指摘した。次に、登壇者が性暴力経験を共有した。最後に、参加者全員が、刑法性犯罪改正への想いをマスクに記入し、撮影する、参加型アートパフォーマンスを行った。90名の参加を得た。	啓発イベントは、有識者による講演等、主催者側からの一方的な働きかけで終わることが多いが、イベント内で、参加者が「共に考える」「行動する」場を設けることにより、イベント終了後も継続してソーシャルアクションにかかわれるコンテンツを準備した。	▶スポークスパーソン ▶オーガナイザー ▶ファシリテーター ▶アクティビスト **Point** ❶ 課題の可視化・共有。 ❷ 当事者の参加。 ❸ 参加型イベント。 ❹ 組織化。
（2017年2月：課題の共有と組織化） 　2日間にわたり、4団体それぞれが、同施設内で主催するイベントを開催する。Aは、性暴力をテーマにした映画を上映。Bは、スタートアップイベントで作成したマスク等を展示。Cは、性虐待経験者である代表の書籍出版記念イベントを開催。DはBと共催で、弁護士ならびに映画監督を招	4団体それぞれが、個性を活かした企画を実施することで、多様なコミュニティをオーガナイズすることができるように、各団体の調整を	▶スポークスパーソン ▶ファシリテーター ▶オーガナイザー ▶マネジャー **Point** ❶ 課題の可視化・共有。

事例概要	ソーシャルワーカーによる働きかけ	ソーシャルワーカーの役割とポイント
いたワークショップを主催し、参加者とともに、マスクを身につけたパフォーマンスを実施。イベント参加者はのべ200名を超えた。 　なお、Bはこのイベントに前後して2週間、美術展に出展。マスクならびに街頭で行ったパフォーマンスのビデオ作品を発表した。来場者は2週間でのべ1,500人を超えた。	図った。	❷ 参加型イベント。 ❸ 各団体の強みを活かした企画。 ❹ 福祉の枠にとらわれない活動。 ❺ 組織化。
（2017年2月：ヒアリングへの参加） 　国会議員との対話の結果、各党からの信頼を得ることができ、与野党が主催するヒアリングに招聘された。これまで計画的に実施してきた「アンケート（意識調査）」「署名」「現行刑法では罪に問えない性暴力経験者からの発信」を組み合わせ、内容に説得力をもたせるとともに、現行刑法の課題と改正の具体的内容等を提案した。	これまでの国会議員との面会の大半は1対1であったが、ヒアリングでは複数の議員が一堂に介した。このため、グループ全体をオーガナイズできるよう、メンバー内の役割分担を工夫した。 またヒアリングで初めて面会し、党内の方針に決定権をもつ議員もいた。このため、ヒアリング後再度1対1での面会を実現できるよう、関係構築を行った。	▶ スポークスパーソン ▶ ファシリテーター ▶ マネジャー ▶ アクティビスト **Point** ❶ 客観的データ。 ❷ 署名。 ❸ 当事者の声。
（2017年3月：学生対象の課題共有と組織化） 　性暴力に関する若者の理解を深めるとともに、その啓発活動を拡散するために、グループワーク「同意ワークショップ」を開始する。 　「同意のない性行為は性暴力」というコンセプトをもとに、アメリカ等の大学で実施されている「セクシュアル・コンセント	一般的なグループワークでは、「運営者」と「参加者」が固定的であることが多いが、このグループワークでは、参加した大学生がその後	▶ 教育者 ▶ マネジャー ▶ オーガナイザー **Point** ❶ 参加型ワークショップ。 ❷ 参加者による活動の拡がり。

事例概要	ソーシャルワーカーによる働きかけ	ソーシャルワーカーの役割とポイント
（性的な同意）」講座を日本版にアレンジ。「性的境界線と自己決定権を理解し、尊重する」「性的同意に関する正しい知識」「互いが納得できるかたちで合意形成をするコミュニケーションのあり方」等を学ぶことができる内容である。 　首都圏の高校・大学5校287人に実施する。ワークショップを通じて新たにプロジェクトメンバーに加わる市民もいた。	主体となり、自分たちの手でワークショップを開催できるよう、フォローした。	❸ 課題の可視化・共有。 ❹ 組織化
（2017年5月：メディアを活用した世論形成） 　刑法性犯罪改正をイメージしたポーズを撮影し、SNS等に掲載してもらうキャンペーンを実施する。国会会期末が迫り、より多くの市民に関心をもってもらう必要があったことから、誰でも気軽に楽しく参加でき、かつ拡散力の大きいアクションを検討した。そして、「オンラインに写真をアップする」という、若年世代が楽しく盛り上がれる要素を加えたことにより、拡散の効果も得られた。サイトには、タレント、著名人を含めた102人の写真が掲載された。 　ポーズは法務大臣をはじめとする国会議員との写真撮影にも活用され、メディアへの掲載を通じて、プロジェクトの活動を印象づける役割を果たした。また、ダンサーとして活躍するメンバーの協力を得て、ポーズを組み合わせたダンスパフォーマンスにも発展した。	一般的なソーシャルアクションは、「集会参加」等、主催者から与えられたものを、受け取るだけであることが多いが、想いを「自分で考えたポーズ」で表現してもらうことで、アクションに主体性をもたせるように工夫した。	▶ スポークスパーソン ▶ マネジャー ▶ オーガナイザー ▶ アクティビスト **Point** ❶ 課題の可視化・共有。 ❷ アセスメントにもとづく参加型のしかけ。 ❸ SNS等の活用。 ❹ メディアの活用。 ❺ 著名人等の活用。 ❻ 世論形成。
（2017年5月：イベントによる組織化・世論喚起） 　2016年10月から「アンケート」「署名」「ワークショップ」「ポーズ」それぞれのソーシャルアクションに個別に参加してきた市民が一堂に会し、組織化を図るとと	個別に実施してきた活動を連動させることで、約1か月後に迫った法務大臣へ	▶ スポークスパーソン ▶ マネジャー ▶ オーガナイザー ▶ アクティビスト

事例概要	ソーシャルワーカーによる働きかけ	ソーシャルワーカーの役割とポイント
もに、世論を喚起するためのイベントを開催する。第1部では、セクシュアル・リプロダクティブ・ヘルス／ライツに賛同するタレント、性暴力をテーマにした映画を製作した監督、性犯罪裁判経験のある弁護士、性虐待経験者によるトークセッションを開催。第2部では、先にSNSで集めたポーズを元にしたダンスパフォーマンスを実施。100名が参加するイベントとなった。	の署名提出を控え、署名を増やすとともに、アクション・システムの拡大および一体感の向上を促した。	**Point** ❶ 多様なスタイルでの課題の可視化・共有。 ❷ 当事者の参加。 ❸ 組織化。 ❹ 世論形成。
(2017年6月：法務大臣への署名提出) 　法務大臣に直接署名を手渡す。 　大臣への署名提出は、刑法改正を実現するうえで欠かせない目標の1つであった。このため、国会議員との面会を重ねるなかで、実現の可能性を探った。当初は「難しい」といわれていたが、私たちの活動に理解を示してくれた議員の尽力によって、衆議院法務委員会での法案可決後、衆議院本会議での採決を翌日に控えたタイミングで、手渡すことができた。 　提出時には、大臣が所属する政党だけでなく、与野党超党派の国会議員の同席も得られた。	ターゲットシステムとの相互作用を積み重ねるなかで、キーパーソンとなる議員と信頼関係を構築することができ、法務大臣への署名提出を依頼することができた。	▶アクティビスト **Point** ❶ ターゲットシステムへの継続的で多様な働きかけ。 ❷ 署名による世論の提示。
(2017年6月：刑法性犯罪改正案の可決成立) 　刑法性犯罪改正案が可決成立する。参議院本会議前に開催された法務委員会には、プロジェクトメンバーである性虐待被害者が招聘された。対話を通じて、改正されても救われない性暴力被害者がいることを議員が深く理解し、法的安定性を重視する刑法では初となる「3年後の見直しの検討」が「附則」として定められた。ならびに「関係職員への研修」「実態調査」「被害者支援の拡充」等を定めた「附帯決議」が採択された。	これまでの活動を通じて、今回の改正では、プロジェクトが求める論点のすべてを反映することは現実的ではないことが明らかになったため、最低ラインを「2017年通常国会での改正」に絞り、他は「プラスアル	▶アクティビスト ▶教育者 **Point** ❶ 現実的で具体的な要求。 ❷ タイムリーな対応。

第3章　ソーシャルワーク実践事例

事例概要	ソーシャルワーカーによる働きかけ	ソーシャルワーカーの役割とポイント
(2017年7月：プロジェクト成果報告会の開催) 　本プロジェクトが、「社会を変えたい」「コミュニティをよくしたい」と考える人々の参考となるよう、成果報告会を開催した。蓄積してきた資料やノウハウを公開し、市民の手による共生社会の実践を後押しすることを目指した。4団体から代表・中心者が登壇し、なぜこのプロジェクトが成功を納めることができたかを振り返った。 　約10か月にわたるプロジェクトの取り組みを紹介、そのなかで、改正を実現するポイントとなった、チームマネジメント、国会議員らとのコミュニケーション、アートパフォーマンスを通じた世論喚起等を共有した。	ファの項目」として提案した。 新たな社会変革を志すソーシャルワーカー等の参考になるように、実践を整理し、その成功のポイントをまとめた。	▶ 教育者 ▶ 調査者 ▶ スポークスパーソン **Point** ❶ 評価。 ❷ 実践の普遍化。

事例のまとめ

　この事例は、「2017年通常国会での刑法性犯罪改正の実現」という、「期限」と「目的」が明確な社会課題に対するソーシャルアクションであった。このため、期限内の目的達成に向け、いかに効率的・効果的な戦略を立て、それを実現していくかが大きな課題であった。

　プロジェクトメンバーは、プロジェクトの活動に加え、母体となる団体の事業も実施していた。さらに全員が、こうした活動では生計を維持するだけの収入が得られず、別の仕事をもっていた。

　プロジェクト実施期間中は、意思疎通に混乱が生じたり、ライフステージサイクルにおける困難な出来事が起こり、プロジェクトにかかわる時間が減少したメンバーも少なくなかった。

　また、刑法性犯罪改正案が審議された2017年の通常国会では、テロ等準備罪が扱われたこともあり、市民やメディアの関心の多くがそちらに向いた。与野党の対立構造が鮮明になり、刑法性犯罪改正案が政局上の駆け引きの道具として使われた側面も否定できない。

　そこで私たちは、「今の私たちの手で変えられること」に集中し、プロジェクトを進めていった。

　プロジェクトを成功に導いた要因の1つは、プロジェクト運営方法である。毎週1回2時間、コアメンバーによるオンライン会議を実施した。アセスメント、インターベンション、モニタリングを繰り返しながら、プロジェクトの目的の確認、役割分担の明確化を図ったことで、世論を反映した迅速なプロモーションや、軌道修正を図ることができた。

　次に、各団体・個人のもつ技術や資源を活かした活動を展開したことである。こうしたプロジェクトを立ち上げるとき、メンバーには「業界の専門家」が呼ばれることが多い。しかし本プロジェクトは、性暴力の分野で活動してきた人たちだけでなく、「コミュニティオーガナイザー」「アーティスト」等、多様なスキルをもつメンバーが集った。目的を共有しつつ、役割を分担できたことが、より多くの市民に活動を届ける原動力となった。

　そして「社会はよくなる、政治は動く、人は変わる」と信じて、現実的な策を講じたことが、受け入れられた。市民活動にありがちな「理想像・あるべき論」「これまでの議論を覆す提案」「一方的な要求のみ」でなく、「現状をふまえた最低ライン（刑法性犯罪改正案可決成立）」と「プラスアルファの項目（暴行脅迫要件撤廃に向けた議論の継続など）」を国会議員と共有できたこと、私たちの要望を、議員が「すぐに使える」体裁に整えたこと（要望書、質疑案等）、「議員に任せるべきところ」は任せ、「市民が努力すべきところ」に尽力したことが、信頼関係となり、大きな成果をもたらした。

編集委員のコメント

　本実践は、性暴力に対する刑法の機能不全を認識し、世論を喚起しながら集団圧力によって

刑法改正という立法的措置をとらせたソーシャルアクションである。ソーシャルワーカーが主体的に行うことが希な実践を成功させた要因は多々あるが、主に2つにまとめられる。

まず、アンケート調査等で客観的に把握した課題と当事者の声を見える化し、福祉の枠にとらわれることなく、プロジェクトメンバーのストレングスを活かしながら、SNSや参加型イベント等の多様なしかけで世論を喚起したことである。

2つ目は、市民と国会議員それぞれの役割分担を認識したうえで、早い段階から多様な方法でターゲットシステムに働きかけ、アセスメントにもとづき現実的で具体的な要求を提示したことだといえる。

地域共生社会の実現に向けた実践とはかけ離れたものだと考えられるかもしれないが、地域生活課題を生じさせている刑法や性暴力に関する認識という社会構造の変革を実現した実践であり、「地域課題等の解決に向けた実践」に該当する。「地域力強化検討委員会」においても強調されている、市町村や都道府県の枠を越えて対応していくことが必要な専門的支援だといえる。

● 社会課題の解決に向けた実践プロセス
（図2-4「地域課題等の解決に向けた実践プロセス」（48頁）をもとに作成）

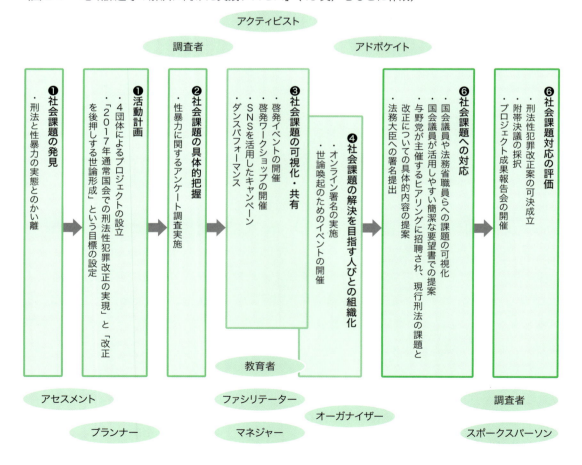

第4章

地域共生社会の実現に求められる人材

第1節 社会保障審議会福祉部会 福祉人材確保専門委員会

本書と大変密接な関係にあるのが、2016年12月13日の第8回から2018年3月16日の第14回までにわたって行われた社会保障審議会福祉部会福祉人材確保専門委員会（以下、「委員会」）の議論である。本節では、そのことについて触れておくこととしたい。

● 委員会における議論の背景

第1章でも述べられているように、国は「ニッポン一億総活躍プラン」（2016年6月2日閣議決定）において「育児、介護、障害、貧困、さらには育児と介護に同時に直面する家庭など、世帯全体の複合化・複雑化した課題を受け止める、市町村における総合的な相談支援体制作りを進め、2020年～2025年を目途に全国展開を図る」とした。特に、社会福祉法等の一部を改正する法律では、社会福祉法人の公益性・非営利性をふまえ、「地域における公益的な取組」の実施に関する責務規定が創設されており、今後、社会福祉法人には、他の事業主体では対応が困難な福祉ニーズに対応していくことが求められることから、多様化・複雑化する地域の福祉ニーズを把握し、対応することができる人材が必要とされた。

厚生労働省は、「『我が事・丸ごと』地域共生社会実現本部」（2016年7月設置）のもとに地域力強化ワーキンググループを設置し、「地域における住民主体の課題解決力強化・相談支援体制の在り方に関する検討会」（地域力強化検討会）において、住民主体による地域課題の解決力強化・体制づくりのあり方や市町村による包括的な相談支援体制の整備のあり方等について検討した。

地域力強化検討会の最終とりまとめ（2017年9月）（以下、「最終取りまとめ」）では、「他人事を『我が事』に変えていくような働きかけをする、いわば地域にとっての『触媒』としてのソーシャルワークの機能がそれぞれの『住民に身近な圏域』に存在していることが必要である」とし、国の役割として「ソーシャルワーカーの養成や配置等については、国家資格として現在の養成カリキュラムの見直しも含めて検討すべきである。人材の確保や定着についても、必要な措置を講ずるべきである」と明記している。また、このなかでも「ソーシャルワークの機能」が重要であることが明らかにされたところである。

さらに、社会保障審議会生活困窮者自立支援及び生活保護部会報告書（2017年12月）では、「生活困窮者自立支援制度の従事者の質の確保」として「支援の過程では、アセスメント、プランの作成・評価、関係者の連携・調整、地域資源の開発までできるようなソーシャルワーク

のための諸条件の整備が求められる」と明記されたところである。

　ソーシャルワークおよびソーシャルワークの機能がさまざまな審議会や報告書で用いられるようになっており、ソーシャルワークおよびソーシャルワークの機能に対する期待が、これまで以上に高まっているのである。

◯ 委員会における議論の経過

　委員会における議論の経過は**表4-1**のとおりである。委員会において、地域共生社会の実現に資する体制構築を推進するにあたり、ソーシャルワークの機能の発揮が求められることや、ソーシャルワークの機能を発揮する専門職として社会福祉士の役割に関して議論が行われたところである。この議論を通して明らかになったことは、1つは、地域共生社会の実現に向けて「ソーシャルワーク」の重要性が明確化されたこと。2つは、「ソーシャルワーク専門職」として社会福祉士の位置づけが明確化されたこと。3つは、地域共生社会に向けたソーシャルワーク専門職である社会福祉士の中核的な役割が明確化されたことである。この議論をふまえて、ソーシャルワーク専門職としての役割期待に応えるために、社会福祉士養成カリキュラムの見直し等に関する検討が行われるとともに、現任の社会福祉士の学び直しや実践能力の向上が求められていくことになった。

表4-1 委員会における議論の経過

第8回 2016年12月13日	議題等：「社会福祉士のあり方について」 論点等：①社会福祉士の活動実態、②就労分野と職種、③勤務先、④社会福祉士及び社会福祉主事の任用の状況、⑤福祉人材確保対策検討会での議論、⑥社会福祉士を取り巻く状況
第9回 2017年2月7日	議題等：「ソーシャルワークに対する期待について」 論点等：①社会から期待されているソーシャルワークの機能とはどのようなものなのか、②ソーシャルワークには、今後どのような機能が求められていくのか
第10回 2017年3月28日	議題等：「ソーシャルワーク専門職である社会福祉士に求められる役割等について」 論点等：「包括的な相談支援体制」を構築・維持するためのソーシャルワーク機能を社会福祉士が発揮するために、具体的にどのような実践能力が必要となるか
第12回 2017年10月24日	議題等：「ソーシャルワーク専門職である社会福祉士に求められる役割等について」 論点等：「住民主体の地域課題解決体制」を構築・維持するためのソーシャルワーク機能を社会福祉士が発揮するために、具体的にどのような実践能力が必要となるか
第13回 2018年2月15日	議題等：「ソーシャルワーク専門職である社会福祉士に求められる役割等について」 論点等：①社会福祉士養成カリキュラム等の見直しの方向性、②地域全体での社会福祉士育成のための学び合いの推進について、③社会福祉士の役割等に関する理解の促進について
第14回 2018年3月16日	議題等：社会福祉士に求められる役割等に係る議論のとりまとめ（案）について

出典：日本社会福祉士会2018年度6月号ニュース原稿用に筆者が作成

第2節 委員会の議論の到達点

2018年3月17日に委員会報告書が公表された。その概要は、**表4-2**のとおりである。本節では、委員会での議論の到達点について述べておくこととしたい。

○ 社会福祉士養成課程におけるカリキュラムの見直し

委員会報告書では、「対応の方向性」として「地域共生社会の実現に向けて求められる、複合化・複雑化した課題を受け止める多機関の協働による包括的な相談支援体制や地域住民等が主体的に地域課題を把握して解決を試みる体制の構築に必要なソーシャルワークの機能を社会福祉士が担うために必要な実践能力を明らかにし、その能力を身につけることができるよう、社会福祉士の養成カリキュラム等の見直しを検討すべきである（各論1）。」と明記されたところである。今後、前回の見直しから10年以上の期間を経て実習及び演習等の見直しと充実に向けた検討が行われる。

○ 地域全体での社会福祉士育成のための取り組みの推進

委員会報告書では、「地域共生社会の実現に向けて、その担い手となる社会福祉士の育成に当たっては、職能団体、養成団体、事業者、行政、地域住民等の地域の関係者が連携・協働して学び合い、地域の実情を踏まえて取り組むことが重要である。このため、職能団体や養成団体等が中心となって地域でソーシャルワークの機能が発揮されるような取組の推進を検討すべきである（各論2）。」と明記された。所属組織のみならず地域全体で社会福祉士の育成のための取り組みを推進していくことが求められる。

○ 社会福祉士の役割等に関する理解の促進

委員会報告書では、「社会福祉士の地域共生社会の実現に向けた活動状況等を職能団体が中心となって把握するとともに、社会福祉士が果たしている役割や成果の『見える化』を図り、国民や関係者の理解を促進する方策を検討すべきである（各論3）。」と明記された。本書も社会福祉士の役割等に関する理解の促進の一助となるものと期待されるところである。地域住民および専門職等と協働しながらソーシャルワーク実践を展開する際に、よりわかりやすい用語を用いて「言語化」したり、「ビジュアル化」したりするなどして、役割や実践の成果等を「見える化」していくことが求められる。

表 4-2　ソーシャルワーク専門職である社会福祉士に求められる役割等について（概要）

総論

- 社会福祉士は、高齢者支援、障害児者支援、子ども・子育て支援、生活困窮者支援等の幅広い分野で活用されている。また、社会保障分野のみならず、教育や司法などの分野においてもその活用が期待されている。
    - ※社会福祉士の就労先は、高齢者福祉関係：43.7％、障害福祉関係：17.3％、医療関係：14.7％、地域福祉関係：7.4％、児童・母子福祉関係：4.8％となっている。
    - ※スクールソーシャルワーカーの約半数が社会福祉士の有資格者であり、矯正施設においても社会福祉士の配置が増えてきている。
- 少子高齢化の進展など、社会経済状況の変化によるニーズの多様化・複雑化に伴い、既存の制度では対応が難しい様々な課題が顕在化してきている。また、子ども・高齢者・障害者など全ての人々が地域、暮らし、生きがいを共に創り、高め合うことができる「地域共生社会」の実現を目指しており、社会福祉士には、ソーシャルワークの機能を発揮し、制度横断的な課題への対応や必要な社会資源の開発といった役割を担うことができる実践能力を身につけることが求められている。
- 地域共生社会の実現に向けた各地の取組には、社会福祉士が中心となり、地域住民等と協働して地域のニーズを把握し、多職種・多機関との連携を図りながら問題解決に取り組んでいる事例などがある。地域の様々な主体と連携した取組が必要となる中で、社会福祉士には、地域住民の活動支援や関係者との連絡調整などの役割を果たすことが求められている。

各論

社会福祉士養成課程におけるカリキュラムの見直し
- 複合化・複雑化した個人や世帯への対応のほか、地域共生社会の実現に向け、ソーシャルワークの機能を発揮できる社会福祉士を養成するため、養成カリキュラムの内容や実習及び演習を充実。

地域全体での社会福祉士育成のための取組の推進
- 職能団体や養成団体だけでなく、行政や地域住民等の地域の様々な関係者とともに連携・協働して、学び合いや活動の機会を設けることにより、地域でソーシャルワークの機能が発揮される取組を推進。

社会福祉士の役割等に関する理解の促進
- 社会福祉士による地域共生社会の実現に向けた活動状況等を把握し、社会福祉士が果たしている役割や成果の「見える化」を図り、国民や関係者の理解を促進。

平成30年3月27日　社会保障審議会福祉部会福祉人材確保専門委員会
出典：厚生労働省資料

　ソーシャルワーク専門職である社会福祉士は、地域共生社会の実現に資する体制構築の推進に向けて、この委員会での議論の到達点を共有しながら、さらに期待される役割を果たすために実践能力の向上を図る必要があるといえよう。

第3節 地域共生社会の実現に資する体制構築を推進するために社会福祉士に求められるもの

「地域共生社会の実現に資する体制構築を推進するソーシャルワークのあり方に関する実証的調査研究」（平成29年度社会福祉推進事業）（以下、「研究事業」）によれば、地域共生社会の実現に資する体制構築の推進にあたり、ソーシャルワークの機能を発揮することによって、地域における包括的な支援体制の変化を促したり、社会福祉士と協働する地域住民および専門職の意識や行動の変化を促したりするなど、ソーシャルワークの機能を発揮することによる変化と成果を明らかにするとともに、その役割を社会福祉士が果たしていることが実証された。本書においても同様に、社会福祉士が、ソーシャルワークの機能を発揮しながら地域づくりに向けた実践を展開している。地域共生社会の実現に資する体制構築を推進するために社会福祉士に求められるものを述べていく。

◯ 社会福祉士の役割等に関する理解の促進

委員会報告書及び研究事業の結果から、社会福祉士の実践や役割が見えづらいという課題が明らかになっている。社会福祉士は、ソーシャルワーク実践をよりわかりやすい用語を用いて「言語化」したり、映像等を用いるなど「ビジュアル化」したりするなどし、日々の実践を通して社会福祉士の役割や成果等をよりいっそう「見える化」していくことが求められる。また、社会福祉士が、ソーシャルワークの機能を発揮して地域住民および専門職等と協働する際にも、協働者の理解の促進と意識・行動の変化を促すためにも、ソーシャルワークの機能と求められる役割を「言語化」することによって「見える化」を推進していくことが求められる。

ソーシャルワーク実践の過程を含めて言語化していくためには、社会福祉士にはソーシャルワークの知識や技術に関して深い理解と省察が求められるといえよう。

本会としては、地域共生社会づくりに取り組む社会福祉士一人ひとりの実践を、各都道府県社会福祉士会を通して収集し、蓄積し、情報発信するなどして社会福祉士の役割等の「見える化」を推進していく必要がある。

社会福祉士は、資格名称と配置・任用される機関ごとの職名が一致していないことが多く、委員会報告書においても、わかりづらさの要因であるとされている。社会福祉士が職務を通してソーシャルワーク実践を展開していることから、誰もがわかりやすい用語等の検討や現在の多様な施設・機関におけるさまざまな職種や職名をわかりやすい表記または呼称に統一していくことを求めていく必要がある。また、「社会福祉士および介護福祉士法」（昭和62年法律第

30号）第2条第1項の社会福祉士の定義は、「第28条の登録を受け、社会福祉士の名称を用いて、専門的知識及び技術をもつて、身体上若しくは精神上の障害があること又は環境上の理由により日常生活を営むのに支障がある者の福祉に関する相談に応じ、助言、指導、福祉サービスを提供する者又は医師その他の保健医療サービスを提供する者その他の関係者との連絡及び調整その他の援助を行うことを業とする者」とあるが、法律の条文を読む限りにおいては、地域住民および専門職等からみると、社会福祉士をソーシャルワーク専門職として理解することには限界が生じる。今後、この定義も、同様にわかりやすい条文へ改正することが求められる。

さらに、「最終とりまとめ」において「一人ひとりの持つ地域生活課題がより複雑になる時代を生きる若者たちが、福祉やソーシャルワーク、地域づくりに関する仕事を『やってみたい』と思えるようなものにしていかなければならい」と述べられている。研究事業結果においても「若年層がソーシャルワーカーとの接点を持つ機会として学校教育課程が重要」とある。

具体的には、小中高校の授業等においてソーシャルワーク専門職である社会福祉士との学び合いの機会を設けるなどして、ソーシャルワークの視点やソーシャルワーク専門職の仕事に関心をもってもらうことで、「やってみたい」と思えるような仕事として、社会的な認知の向上を図ることも求められる。

● 地域全体での社会福祉士育成のための学び合いの推進

社会福祉士は、同じ組織に所属する社会福祉士が少なく、1人職場であることも珍しくない。1人職場の場合においては、業務を通して、社会福祉士が社会福祉士を直接的に指導するなどして育成することが難しい場合もある。社会福祉士以外の者が社会福祉士を指導することもありうる。所属機関内に限定することなく、地域全体で、関係者の理解と協働を通して社会福祉士の育成のための学び合いの機会を創造していくことが必要とされている。日本社会福祉士会は、各都道府県社会福祉士会とも協力しながら、関係機関と協働して、この機会を創造していくことが求められる。こうした機会においても、ソーシャルワークの実践能力の向上にはスーパービジョンが重要である。認定社会福祉士認証・認定機構が定めたスーパービジョンの枠組みである「認定社会福祉士制度スーパービジョン実施要綱」（2012年要綱第2号）第1条の規定によれば、スーパービジョンとは、「(1) 社会福祉士としてのアイデンティティを確立する」「(2) 所属組織におけるソーシャルワーク業務を確立し担えるようにする」「(3) 専門職として職責と機能が遂行できるようにする」ことができるように実施することを目的とするものである。社会福祉士の実践能力の強化においてスーパービジョンは不可欠であるといえる。一方で、研究事業の報告書においては、組織や地域におけるスーパービジョン体制が不十分であることが明らかになっていることから、「認定社会福祉士制度におけるスーパーバイザー（認定

社会福祉士更新者等が担うとされている）人材の育成の確保等を含め体制の整備」は本会として「急務である」とされている。社会福祉士には、こうした機会への参加をはじめ、スーパービジョン等を積極的に活用して、実践能力を強化することが求められる。

● ソーシャルワーク専門職としての実践を可能とする組織環境

　委員会報告書に「各地域における地域共生社会の実現に向けた地域づくりの取組を見ると、社会福祉士が中心となって住民の支援や相談窓口での対応、組織の運営、多職種・多機関との連携等の業務を担っている事例もあり、ソーシャルワークの機能を発揮する人材である社会福祉士を活用することで、地域づくりの推進が図られている」とある。すでに、地域共生社会に向けたソーシャルワーク実践が行われていることが明らかになっている。研究事業においても、20人の社会福祉士がソーシャルワークの機能を発揮し、地域住民および専門職等と協働しながら地域共生社会の実現に向けた地域づくりを行っていることが明らかになっている。

　ここでいうソーシャルワークの機能とは、委員会報告書にある23のソーシャルワークの機能である。これらのソーシャルワークの機能を発揮するためには、支援を必要としている個人や世帯のみならず、地域全体を含めて構造的にアセスメントしていくことが求められる。研究事業及び本書に共通していえることは、これらの社会福祉士は、ミクロレベル、メゾレベル、マクロレベルのそれぞれ構造のニーズを把握してそれぞれの構造に働きかけを行い、相談者の地域生活課題の解決や地域づくりに向けた実践を展開していることである。また、その前提として所属組織等のメゾレベルのアセスメントから機能や役割を最大限発揮できるよう働きかけを行っているところに特徴がある。実際のところ、研究事業においても、所属組織における社会福祉士の役割等が明確になっている成果をふまえると、ソーシャルワーク専門職としての実践を可能とする組織環境として、組織の理解と信頼が不可欠であるといえる。いわゆる「制度の狭間」の問題に対応していくためには、制度的に位置づけられている所属組織の枠組みを乗り越えていくことが必要な場合もありうる。また、地域共生社会の実現に向けた地域づくりへの取り組みが、所属組織における職務（役割）に含まれていない場合もありうる。所属機関によって職種と役割の異なる社会福祉士すべてが一律に個別の支援から地域づくりまでの役割を担うのではなく、分野横断的に社会福祉士等と協働していくことが求められる。さまざまな分野に配置されている社会福祉士は、分野横断的に協働することによって、その役割を果たすことができるよう、組織への理解を促す取り組みが求められる。日本社会福祉士会としては、そのための環境整備等を図る必要がある。

第4節 地域共生社会の創出に向けて

「最終とりまとめ」にあるように、「実際の地域の状況は複雑であり、お互いの価値や権利が衝突し、差別や排除が起こるのも地域である。例えば、保育所や障害福祉サービス事業所などの福祉施設の建設という出来事を、自らの生活に及ぼす影響と照らして考えたときには、『総論』としては賛成であるが、近所に福祉施設ができるという『各論』には反対」される。

さまざまな地域における地域共生社会に向けたソーシャルワーク実践過程においては、その地域から「孤立・排除」をなくし、地域住民の価値を尊重し、権利を擁護するために、社会福祉士間の協働はもちろんのこと、地域住民および専門職との協働が不可欠であり、重要である。

委員会報告書では、「社会福祉士が中心となって、地域住民等と協働して地域のニーズを把握し、多職種・多機関との連携を図りながら問題解決に取り組み、必要な支援のコーディネートや地域住民が主体的に取り組んでいる活動の支援等を行っている事例もあり、ソーシャルワークの機能を発揮する人材である社会福祉士が活躍することで、地域づくりの推進が図られている」とあるなど、すでに社会福祉士が活躍していることも明らかになっている。

「最終とりまとめ」によれば「『共生』は『強制』されることで画一的になってしまう。従来の封建的な側面を残した地域に縛り付けるものでもない。個人の尊厳が尊重され、多様性を認め合うことができる地域社会をつくり出していくこと。それは住民主体による地域づくりを高めていくこと」とある。住民主体とは住民に任せきりにするのではない。住民が主体的に、継続的に地域課題に取り組むことができるよう、意識や行動の変化を促しながら、必要に応じて地域づくりに取り組む住民を支援することを必要としているのである。一方で、「それぞれの地域で社会的孤立や社会的排除をなくし、誰もが役割を持ち、お互いに支え合っていくことができる地域共生社会を創出することは、高い理想であり、思うように進まないこともあるかもしれないが、個の課題と向き合う中で他人事と思えない地域づくりに取り組むことなどを通じて、あきらめることなく、それが文化として定着するよう挑戦し続けていくことに価値があるのである」とあるように、一朝一夕に創出できるものでもない。

第2章でも述べられているように、「ソーシャルワークは、生活課題に取り組みウェルビーイングを高めるよう、人々やさまざまな構造に働きかける」(IFSW 2014)。個人の生活課題だけではなく、社会へ働きかけ変化を促していくことが求められる。また、人々のためというよりも人々とともに働く。地域共生社会の創出に向けて、個人レベルの課題から地域社会レベルの

課題まで、地域住民および専門職と協働しながら変革を促すことが必要といえよう。

そのためには、個人・世帯、所属組織や団体、地域社会のそれぞれの構造をアセスメントする力量が求められる。誤ったアセスメントでは、地域生活課題をとらえることができないばかりか、かえって社会的孤立や社会的排除を助長してしまう恐れもある。また、アセスメントは決して感覚的なものではなく、ソーシャルワークの理論を用いて多角的に行うことが求められる。地域共生社会の創出においては、専門職人材が不可欠であり、ソーシャルワーク専門職の果たすべき役割は大きいといえよう。

具体的には、委員会報告書では、多機関協働として、「地域住民に伴走しつつ」「地域住民等と信頼関係を築き、他の専門職や関係者と協働し、地域のアセスメントを行うこと」「地域住民が自分の強みに気づき、前向きな気持ちややる気を引き出すためのエンパワメントを支援し、強みを発揮する場面や活動の機会を発見・創出すること」「グループ・組織等の立ち上げや立ち上げ後の支援、拠点となる場づくり、ネットワーキングなどを通じて地域住民の活動支援や関係者との連絡調整等を行うこと」を求めている。

ソーシャルワーク専門職が、「それぞれの地域で社会的孤立や社会的排除をなくし、誰もが役割をもち、お互いに支え合っていくことができる地域共生社会を創出する」という「高い理想」を目指して、あらゆる分野の機関や団体と協働することをはじめ、地域住民と対話し、ともに汗を流しながら、地域共生社会の創出に向かって協働していく過程そのものが、文化としての定着を促すのである。すなわち、「ソーシャルワーク」でまちづくりを展開することが地域共生社会の創出そのものといえよう。まちづくりは、「福祉」の枠組みでは完結しえないし、あらゆる分野との協働が求められている理由でもある。ソーシャルワーク専門職は、これまでの「福祉」という分野を乗り越えていくパラダイムシフトと実践能力の向上が求められているのである。

地域共生社会の創出において、ソーシャルワーク専門職が中核的な役割を果たすべく挑戦し続けることが、ソーシャルワーク専門職に、職能団体に、養成校等にそれぞれ求められているのである。地域共生社会の創出への挑戦が、ソーシャルワーク専門職の社会的認知を加速度的に拡大していくことにつながり、地域住民および専門職等に最も身近な専門職として役割期待を獲得していくのである。今日のソーシャルワーク専門職の使命といえよう。

資料

ソーシャルワーク専門職のグローバル定義

　ソーシャルワークは、社会変革と社会開発、社会的結束、および人々のエンパワメントと解放を促進する、実践に基づいた専門職であり学問である。社会正義、人権、集団的責任、および多様性尊重の諸原理は、ソーシャルワークの中核をなす。ソーシャルワークの理論、社会科学、人文学、および地域・民族固有の知[1]を基盤として、ソーシャルワークは、生活課題に取り組みウェルビーイングを高めるよう、人々やさまざまな構造に働きかける[2]。

　この定義は、各国および世界の各地域で展開してもよい[3]。

注釈

　注釈は、定義に用いられる中核概念を説明し、ソーシャルワーク専門職の中核となる任務・原則・知・実践について詳述するものである。

中核となる任務

　ソーシャルワーク専門職の中核となる任務には、社会変革・社会開発・社会的結束の促進、および人々のエンパワメントと解放がある。

　ソーシャルワークは、相互に結び付いた歴史的・社会経済的・文化的・空間的・政治的・個人的要素が人々のウェルビーイングと発展にとってチャンスにも障壁にもなることを認識して

---

1 「地域・民族固有の知（indigenous knowledge）」とは、世界各地に根ざし、人々が集団レベルで長期間受け継いできた知を指している。中でも、本文注釈の「知」の節を見ればわかるように、いわゆる「先住民」の知が特に重視されている。
2 この文の後半部分は、英語と日本語の言語的構造の違いから、簡潔で適切な訳出が非常に困難である。本文注釈の「実践」の節で、ここは人々の参加や主体性を重視する姿勢を表現していると説明がある。これを加味すると、「ソーシャルワークは、人々が主体的に生活課題に取り組みウェルビーイングを高められるよう人々に関わるとともに、ウェルビーイングを高めるための変革に向けて人々とともにさまざまな構造に働きかける」という意味合いで理解すべきであろう。
3 今回、各国および世界の各地域（IFSW/IASSW は、世界をアジア太平洋、アフリカ、北アメリカ、南アメリカ、ヨーロッパという5つの地域＝リージョンに分けている）は、このグローバル定義を基に、それに反しない範囲で、それぞれの置かれた社会的・政治的・文化的状況に応じた独自の定義を作ることができることとなった。これによって、ソーシャルワークの定義は、グローバル（世界）・リージョナル（地域）・ナショナル（国）という3つのレベルをもつ重層的なものとなる。

いる、実践に基づいた専門職であり学問である。構造的障壁は、不平等・差別・搾取・抑圧の永続につながる。人種・階級・言語・宗教・ジェンダー・障害・文化・性的指向などに基づく抑圧や、特権の構造的原因の探求を通して批判的意識を養うこと、そして構造的・個人的障壁の問題に取り組む行動戦略を立てることは、人々のエンパワメントと解放をめざす実践の中核をなす。不利な立場にある人々と連帯しつつ、この専門職は、貧困を軽減し、脆弱で抑圧された人々を解放し、社会的包摂と社会的結束を促進すべく努力する。

　社会変革の任務は、個人・家族・小集団・共同体・社会のどのレベルであれ、現状が変革と開発を必要とするとみなされる時、ソーシャルワークが介入することを前提としている。それは、周縁化・社会的排除・抑圧の原因となる構造的条件に挑戦し変革する必要によって突き動かされる。社会変革のイニシアチブは、人権および経済的・環境的・社会的正義の増進において人々の主体性が果たす役割を認識する。また、ソーシャルワーク専門職は、それがいかなる特定の集団の周縁化・排除・抑圧にも利用されない限りにおいて、社会的安定の維持にも等しく関与する。

　社会開発という概念は、介入のための戦略、最終的にめざす状態、および（通常の残余的および制度的枠組に加えて）政策的枠組などを意味する。それは、（持続可能な発展をめざし、ミクロ—マクロの区分を超えて、複数のシステムレベルおよびセクター間・専門職間の協働を統合するような）全体的、生物—心理—社会的、およびスピリチュアルなアセスメントと介入に基づいている。それは社会構造的かつ経済的な開発に優先権を与えるものであり、経済成長こそが社会開発の前提条件であるという従来の考え方には賛同しない。

原則

　ソーシャルワークの大原則は、人間の内在的価値と尊厳の尊重、危害を加えないこと、多様性の尊重、人権と社会正義の支持である。

　人権と社会正義を擁護し支持することは、ソーシャルワークを動機づけ、正当化するものである。ソーシャルワーク専門職は、人権と集団的責任の共存が必要であることを認識する。集団的責任という考えは、一つには、人々がお互い同士、そして環境に対して責任をもつ限りにおいて、はじめて個人の権利が日常レベルで実現されるという現実、もう一つには、共同体の中で互恵的な関係を確立することの重要性を強調する。したがって、ソーシャルワークの主な焦点は、あらゆるレベルにおいて人々の権利を主張すること、および、人々が互いのウェルビーイングに責任をもち、人と人の間、そして人々と環境の間の相互依存を認識し尊重するよ

うに促すことにある。

　ソーシャルワークは、第一・第二・第三世代の権利を尊重する。第一世代の権利とは、言論や良心の自由、拷問や恣意的拘束からの自由など、市民的・政治的権利を指す。第二世代の権利とは、合理的なレベルの教育・保健医療・住居・少数言語の権利など、社会経済的・文化的権利を指す。第三世代の権利は自然界、生物多様性や世代間平等の権利に焦点を当てる。これらの権利は、互いに補強し依存しあうものであり、個人の権利と集団的権利の両方を含んでいる。

　「危害を加えないこと」と「多様性の尊重」は、状況によっては、対立し、競合する価値観となることがある。たとえば、女性や同性愛者などのマイノリティの権利（生存権さえも）が文化の名において侵害される場合などである。『ソーシャルワークの教育・養成に関する世界基準』は、ソーシャルワーカーの教育は基本的人権アプローチに基づくべきと主張することによって、この複雑な問題に対処しようとしている。そこには以下の注が付されている。

　文化的信念、価値、および伝統が人々の基本的人権を侵害するところでは、そのようなアプローチ（基本的人権アプローチ）が建設的な対決と変化を促すかもしれない。そもそも文化とは社会的に構成されるダイナミックなものであり、解体され変化しうるものである。そのような建設的な対決、解体、および変化は、特定の文化的価値・信念・伝統を深く理解した上で、人権という（特定の文化よりも）広範な問題に関して、その文化的集団のメンバーと批判的で思慮深い対話を行うことを通して促進されうる。

知

　ソーシャルワークは、複数の学問分野をまたぎ、その境界を超えていくものであり、広範な科学的諸理論および研究を利用する。ここでは、「科学」を「知」というそのもっとも基本的な意味で理解したい。ソーシャルワークは、常に発展し続ける自らの理論的基盤および研究はもちろん、コミュニティ開発・全人的教育学・行政学・人類学・生態学・経済学・教育学・運営管理学・看護学・精神医学・心理学・保健学・社会学など、他の人間諸科学の理論をも利用する。ソーシャルワークの研究と理論の独自性は、その応用性と解放志向性にある。多くのソーシャルワーク研究と理論は、サービス利用者との双方向性のある対話的過程を通して共同で作り上げられてきたものであり、それゆえに特定の実践環境に特徴づけられる。

　この定義は、ソーシャルワークは特定の実践環境や西洋の諸理論だけでなく、先住民を含め

た地域・民族固有の知にも拠っていることを認識している。植民地主義の結果、西洋の理論や知識のみが評価され、地域・民族固有の知は、西洋の理論や知識によって過小評価され、軽視され、支配された。この定義は、世界のどの地域・国・区域の先住民たちも、その独自の価値観および知を作り出し、それらを伝達する様式によって、科学に対して計り知れない貢献をしてきたことを認めるとともに、そうすることによって西洋の支配の過程を止め、反転させようとする。ソーシャルワークは、世界中の先住民たちの声に耳を傾け学ぶことによって、西洋の歴史的な科学的植民地主義と覇権を是正しようとする。こうして、ソーシャルワークの知は、先住民の人々と共同で作り出され、ローカルにも国際的にも、より適切に実践されることになるだろう。国連の資料に拠りつつ、IFSWは先住民を以下のように定義している。

・地理的に明確な先祖伝来の領域に居住している（あるいはその土地への愛着を維持している）。
・自らの領域において、明確な社会的・経済的・政治的制度を維持する傾向がある。
・彼らは通常、その国の社会に完全に同化するよりも、文化的・地理的・制度的に独自であり続けることを望む。
・先住民あるいは部族というアイデンティティをもつ。

http:ifsw.org/policies/indigenous-peoples

実践

　ソーシャルワークの正統性と任務は、人々がその環境と相互作用する接点への介入にある。環境は、人々の生活に深い影響を及ぼすものであり、人々がその中にある様々な社会システムおよび自然的・地理的環境を含んでいる。ソーシャルワークの参加重視の方法論は、「生活課題に取り組みウェルビーイングを高めるよう、人々やさまざまな構造に働きかける」という部分に表現されている。ソーシャルワークは、できる限り、「人々のために」ではなく、「人々とともに」働くという考え方をとる。社会開発パラダイムにしたがって、ソーシャルワーカーは、システムの維持あるいは変革に向けて、さまざまなシステムレベルで一連のスキル・テクニック・戦略・原則・活動を活用する。ソーシャルワークの実践は、さまざまな形のセラピーやカウンセリング・グループワーク・コミュニティワーク、政策立案や分析、アドボカシーや政治的介入など、広範囲に及ぶ。この定義が支持する解放促進的視角からして、ソーシャルワークの戦略は、抑圧的な権力や不正義の構造的原因と対決しそれに挑戦するために、人々の希望・自尊心・創造的力を増大させることをめざすものであり、それゆえ、介入のミクロ―マクロ的、個人的―政治的次元を一貫性のある全体に統合することができる。ソーシャルワークが全体性を指向する性質は普遍的である。しかしその一方で、ソーシャルワークの実践が実

際上何を優先するかは、国や時代により、歴史的・文化的・政治的・社会経済的条件により、多様である。

　この定義に表現された価値や原則を守り、高め、実現することは、世界中のソーシャルワーカーの責任である。ソーシャルワーカーたちがその価値やビジョンに積極的に関与することによってのみ、ソーシャルワークの定義は意味をもつのである。

··

※「IFSW脚注」
2014年7月6日のIFSW総会において、IFSWは、スイスからの動議に基づき、ソーシャルワークのグローバル定義に関して以下の追加動議を可決した。

IFSW総会において可決された、ソーシャルワークのグローバル定義に関する追加動議
「この定義のどの一部分についても、定義の他の部分と矛盾するような解釈を行わないものとする」
「国・地域レベルでの『展開』は、この定義の諸要素の意味および定義全体の精神と矛盾しないものとする」
「ソーシャルワークの定義は、専門職集団のアイデンティティを確立するための鍵となる重要な要素であるから、この定義の将来の見直しは、その実行過程と変更の必要性を正確に吟味した上ではじめて開始されるものでなければならない。定義自体を変えることを考える前に、まずは注釈を付け加えることを検討すべきである。」

2014年7月メルボルンにおける国際ソーシャルワーカー連盟（IFSW）総会及び国際ソーシャルワーク学校連盟（IASSW）総会において定義を採択。日本語定義の作業は社会福祉専門職団体協議会と（一社）日本社会福祉教育学校連盟が協働で行った。2015年2月13日、IFSWとしては日本語訳、IASSWは公用語である日本語定義として決定した。
　　社会福祉専門職団体協議会は、（NPO）日本ソーシャルワーカー協会、（公社）日本社会福祉士会、（公社）日本医療社会福祉協会、（公社）日本精神保健福祉士協会で構成され、IFSWに日本国代表団体として加盟しています。

ソーシャルワーク専門職のグローバル定義の アジア太平洋地域における展開

　アジア太平洋地域は多くの異なるコミュニティと人々を代表している。本地域は、地域内移住に加え、地域固有及び植民地化の歴史によって形成されてきた。世界で最も豊かな国々の一部に加え、経済的に最も困窮している国々の一部もこの地域に含まれている。異なる宗教的・哲学的・政治的な視点をもつ西洋と東洋、また南半球と北半球が交わる地域である。気候変動、限りある資源の濫用、自然災害及び人災による深刻な影響を受けてきた地域でありながらも、地域内の人々のストレングスとレジリエンス[1]が繰り返し示されている。

　アジア太平洋地域におけるソーシャルワーク専門職は以下を重視する：

- ニーズが満たされ、人権と尊厳が守られることにより、全ての人々に適切な社会的な保護が提供されることを保障するにあたり、我々専門職によるケアと共感を実現する
- 人々の生活における信仰、スピリチュアリティまたは宗教の重要性を容認し、また様々な信念体系を尊重する
- 多様性を賞賛し、対立が生じた際に平和的な交渉を行う
- ソーシャルワーク実践において、クリティカル[2]で、研究に基づく実践／実践に基づく研究の諸アプローチと共に、地域内の民族固有の知及びローカルな知と営みを肯定する
- 環境保全において革新的で、持続可能なソーシャルワークと社会開発実践を推進する

---

1 困難や苦境に直面しながらも平衡状態を維持する能力とされ、「復元力」「精神的回復力」「抵抗力」「耐久力」などと訳されることもある。
2 クリティカルとは、実践を科学的・合理的見地から吟味し、また検証を加え、常に最良の実践をめざすことを意味する。

2016年6月ソウルにおける国際ソーシャルワーカー連盟アジア太平洋地域（IFSW-AP）総会及びアジア太平洋ソーシャルワーク教育連盟（APASWE）総会において「アジア太平洋地域における展開」を採択。日本語訳の作業は社会福祉専門職団体協議会と（一社）日本社会福祉教育学校連盟が協働で行った。2016年11月14日、IFSW-AP及びAPASWEとしての日本語訳「アジア太平洋地域における展開」を決定した。

　社会福祉専門職団体協議会は、（NPO）日本ソーシャルワーカー協会、（公社）日本社会福祉士会、（公社）日本医療社会福祉協会、（公社）日本精神保健福祉士協会で構成され、IFSWに日本国代表団体として加盟しています。

ソーシャルワーク専門職の
グローバル定義の日本における展開

　日本におけるソーシャルワークは、独自の文化や制度に欧米から学んだソーシャルワークを融合させて発展している。現在の日本の社会は、高度な科学技術を有し、めざましい経済発展を遂げた一方で、世界に先駆けて少子高齢社会を経験し、個人・家族から政治・経済にいたる多様な課題に向き合っている。また日本に暮らす人々は、伝統的に自然環境との調和を志向してきたが、多発する自然災害や環境破壊へのさらなる対応が求められている。

　これらに鑑み、日本におけるソーシャルワークは以下の取り組みを重要視する。

- ソーシャルワークは、人々と環境とその相互作用する接点に働きかけ、日本に住むすべての人々の健康で文化的な最低限度の生活を営む権利を実現し、ウェルビーイングを増進する。
- ソーシャルワークは、差別や抑圧の歴史を認識し、多様な文化を尊重した実践を展開しながら、平和を希求する。
- ソーシャルワークは、人権を尊重し、年齢、性、障がいの有無、宗教、国籍等にかかわらず、生活課題を有する人々がつながりを実感できる社会への変革と社会的包摂の実現に向けて関連する人々や組織と協働する。
- ソーシャルワークは、すべての人々が自己決定に基づく生活を送れるよう権利を擁護し、予防的な対応を含め、必要な支援が切れ目なく利用できるシステムを構築する。

　「日本における展開」は「グローバル定義」及び「アジア太平洋地域における展開」を継承し、とくに日本において強調すべき点をまとめたものである。

2017年3月から6月における日本ソーシャルワーカー連盟構成4団体（日本ソーシャルワーカー協会、日本医療社会福祉協会、日本精神保健福祉士協会、日本社会福祉士会）及び日本社会福祉教育学校連盟各団体の総会において「日本における展開」を採択。

図 「地域共生社会」の実現に向けて（当面の改革工程）【概要】

「地域共生社会」とは

制度・分野ごとの『縦割り』や「支え手」「受け手」という関係を超えて、地域住民や地域の多様な主体が『我が事』として参画し、人と人、人と資源が世代や分野を超えて『丸ごと』つながることで、住民一人ひとりの暮らしと生きがい、地域をともに創っていく社会

改革の背景と方向性

公的支援の『縦割り』から『丸ごと』への転換
- 個人や世帯の抱える複合的課題などへの包括的な支援
- 人口減少に対応する、分野をまたがるサービス提供の支援

『我が事』・『丸ごと』の地域づくりを育む仕組みへの転換
- 住民の主体的な支え合いを育み、暮らしに安心感と生きがいを生み出す
- 地域の資源を活かし、暮らしと地域社会に豊かさを生み出す

改革の骨格

地域課題の解決力の強化
- 住民相互の支え合い機能を強化、公的支援と協働して、地域課題の解決を試みる体制を整備【29年制度改正】
- 複合課題に対応する包括的相談支援体制の構築【29年制度改正】
- 地域福祉計画の充実【29年制度改正】

地域を基盤とする包括的支援の強化
- 地域包括ケアの理念の普遍化：高齢者だけでなく、生活上の困難を抱える方への包括的支援体制の構築
- 共生型サービスの創設【29年制度改正・30年報酬改定】
- 市町村の地域保健の推進機能の強化、保健福祉横断的な包括的支援のあり方の検討

地域丸ごとのつながりの強化
- 多様な担い手の育成・参画、民間資金活用の推進、多様な就労・社会参加の場の整備
- 社会保障の枠を超え、地域資源（耕作放棄地、環境保全など）と「丸ごと」つながることで地域に「循環」を生み出す、先進的取組を支援

専門人材の機能強化・最大活用
- 対人支援を行う専門資格に共通の基礎課程創設の検討
- 福祉系国家資格を持つ場合の保健福祉士養成課程・試験科目の一部免除の検討

「地域共生社会」の実現

実現に向けた工程

平成29 (2017) 年：介護保険法・社会福祉法等の改正
- 市町村による包括的な支援体制の制度化
- 共生型サービスの創設　など

平成30 (2018) 年：
- 介護・障害報酬改定：共生型サービスの評価など
- 生活困窮者自立支援制度の強化

平成31 (2019) 年：更なる制度見直し

2020年代初頭：全面展開

【検討課題】
①地域課題の解決力強化のための体制の全国的な整備のための支援方策（制度のあり方を含む）
②保健福祉行政横断的な包括的支援のあり方　③共通基礎課程の創設　等

平成29年2月7日厚生労働省「我が事・丸ごと」地域共生社会実現本部決定
出典：厚生労働省資料

図 地域力強化検討会最終とりまとめ（平成29年9月12日）の概要～地域共生社会の実現に向けた新たなステージへ～

総論（今後の方向性）

- 地域共生が文化として定着する挑戦
- 専門職による多職種連携、地域住民等との協働による地域連携
- 「点」としての取組から、有機的に連携・協働する「面」としての取組へ

- 「待ち」の姿勢から、「予防」の視点に基づく、早期発見、早期支援へ
- 「支え手」「受け手」が固定されない、多様な参加の場、働く場の創造

各論2「地域福祉（支援）計画」

各福祉分野に共通して取り組むべき事項の例
- 福祉以外の様々な分野（まちおこし、産業、農林水産、土木、防犯・防災、社会教育、環境、交通、都市計画等）との連携に関する事項
- 高齢、障害、子ども等の各福祉分野のうち、特に重点的に取り組む分野
- 制度の狭間の問題への対応のあり方
- 共生型サービスなどの分野横断的な福祉サービスの展開
- 居住に課題を抱える者・世帯への横断的な支援のあり方
- 住民後見人の養成や活動支援、判断能力に不安がある人への金銭管理、身元保証人など、権利擁護のあり方
- 高齢者、障害者、児童に対する統一的な虐待への対応や、家庭内で信待を行った介護者・養育者が抱えている課題にも着目した支援のあり方
- 各福祉分野、福祉以外の分野の圏域の考え方・関係の整理
- 地域福祉に資する複数の事業を一体的に実施していくための補助事業を有効に活用した連携体制
- 役所内の全庁的な体制整備　等

計画策定に当たっての留意点
- 狭義の地域福祉計画の担当部局のみならず、計画策定を通じて、部局を超えた協働の仕組みができるような体制をとる。
- 他の福祉に関する計画との調和を図る方法として、計画期間をそろえる、一体的に策定する などの方法が考えられる。
- 成年後見、住まい、自殺対策、再犯防止等の計画と一体的に策定することも考えられる。

各論3「自治体、国の役割」

市町村
包括的な支援体制の整備について、責任をもって進めていく。地域福祉計画として関係者と合意し、計画的に推進していくことが有効。

都道府県
単独の市町村では解決が難しい課題への支援体制の構築、都道府県域の独自施策の企画立案、市町村への技術的助言

国
指針等の作成から終わることなく、「我が事・丸ごと」の人材育成、プロセスを重視した評価指標の検討、財源の確保、ありかたについての検討

各論1 市町村における包括的な支援体制の構築

[1] 他人事を「我が事」に変えていくような働きかけをする機能

3つの地域づくりの方向性の促進に向けた取組例
- 福祉、医療、教育、環境、農林水産、観光などの各分野における場や人材（地域の宝）とつながる。分野を超えた協働を進めるとともに、分野を超えた役割を果たす人を地域の中から多く見つけていく。
- 障害や認知症、各福祉教育、社会的孤立等に関して学ぶことを通じ、地域や福祉を身近なものとして考え、各福祉教育の機会を提供する。
- 地域から排除されがちな対象であっても、ソーシャルワーカーが専門的な対応を行う中で、徐々に地域住民と協働していくといった取組を積み重ね、そうした取組を当事者のプライバシー等に配慮した上で広く知ってもらう。

地域づくりを推進する財源等の例
- 事業の一体的な実施による各分野の補助金等の柔軟な活用、共同募金によるテーマ型募金や市町村共同募金委員会の活用、クラウドファンディング、SIB、ふるさと納税、社会福祉法人の公益的な取組、企業の社会貢献活動等

第106条の3 第1項第1号

[2]「複合課題丸ごと」「世帯丸ごと」「とりあえず丸ごと」受け止める場

住民に身近な圏域での「丸ごと」受け止める場の整備にあたっての留意点
- 担い手を定め、分かりやすい名称を付けるなどして、広く住民等に周知。
- 例1：地域住民による相談窓口を設置する。
- 例2：地域包括支援センターのブランチを設置するとともに、民生委員等と協働していく方法
- 例3：自治体等において各種の相談窓口を集約し、専門職による地域担当制とし、チームで活動していく方法
- 例4：診療所や病院のソーシャルワーカーなどが退院調整業務だけでなく、地域の様々な相談を受け止めていく方法

第106条の3 第1項第2号

[3] 市町村における包括的な相談支援体制

市町村における包括的な相談支援体制の構築にあたっての留意点
- 支援チームの編成は、本人の意思から、保護司等の地域の関係者から、情報が入る体制を構築する。
- 支援チームによる個別事業の検討に応じて新たな支援を組み込む。
- 会議などの既存の場の機能拡充で、協働の中核を担う者が既存の場に出向く。③新設する等の対応が考えられる。
- 生活困窮者支援の実践で培われた、働く場や参加の場を地域に見出して、福祉の領域を超えた地域づくりを推進

第106条の3 第1項第3号

- 民生委員、保護司等の地域の関係者から、情報が入る名体制を構築する。

出典：厚生労働省資料

『地域共生社会に向けたソーシャルワーク』出版プロジェクト委員一覧

【委員長】

竹田　匡　（公益社団法人日本社会福祉士会理事）

【委　員】

髙良　麻子　（東京学芸大学教育学部）

島野　光正　（郡山医師会郡山市医療介護病院）

山本　繁樹　（東京社会福祉士会）

執筆者一覧（五十音順）

石丸友里江：第3章事例

浦田　愛　：第3章事例

髙良　麻子：第2章

佐々木千里：第3章事例

竹田　匡　：第3章事例・第4章

中井　俊雄：第3章事例

中野　宏美：第3章事例

原田　正樹　（日本福祉大学）：第1章

山本　繁樹：第3章実践事例の読み方・深め方

地域共生社会に向けたソーシャルワーク
―社会福祉士による実践事例から―

2018年10月20日 初 版 発 行
2022年 5 月 1 日 初版第 2 刷発行

編　　集 ………………… 公益社団法人日本社会福祉士会
発行者 ………………… 荘村 明彦
発行所 ………………… 中央法規出版株式会社
　　　　　　　　　　　〒110-0016　東京都台東区台東3-29-1　中央法規ビル
　　　　　　　　　　　TEL 03-6387-3196
　　　　　　　　　　　https://www.chuohoki.co.jp/
印刷・製本 ……………… 新津印刷株式会社
装幀・本文デザイン …… 株式会社ジャパンマテリアル
ISBN978-4-8058-5756-4

定価はカバーに表示してあります。落丁・乱丁本はお取り替えいたします。
本書のコピー、スキャン、デジタル化等の無断複製は、著作権法上での例外を除き禁じられています。また、本書を代行業者等の第三者に依頼してコピー、スキャン、デジタル化することは、たとえ個人や家庭内での利用であっても著作権法違反です。
本書の内容に関するご質問については、下記URLから「お問い合わせフォーム」にご入力いただきますようお願いいたします。
https://www.chuohoki.co.jp/contact/